Sr. Elisabeth Merz

Kennst du deine Schafe?

Die Schafe deiner Seelenweide?

Ein Weg
vom Bekämpfen
zum Integrieren

Sr. Elisabeth Merz
Kennst du deine Schafe?
Die Schafe deiner Seelenweide?
Ein Weg vom Bekämpfen zum Integrieren

www.diakonissen-riehen.ch

2. Auflage
Gedruckte Fassung
ISBN 978-3-906959-48-1

1. Auflage

E-Book
ISBN 978-3-906959-73-3

Lektorat und Korrektorat: Christiane Kathmann,
www.lektorat-kathmann.de
Illustrationen: Sr. Sonja Röthlisberger
Umsatz- & Satzgestaltung: OHA Werbeagentur GmbH
Druck: Bookpress.eu, Olsztyn, Polen

Dieses Buch und weitere interessante Medien
(Auslieferung auch in DE/AT) können Sie beziehen bei:

MOSAICSTONES, Tel. +41 33 336 00 36
info@mosaicstones.ch, www.mosaicstones.ch

Inhalt

«Die Idee vom Kleinen Hirten mit seinen Schafen auf der Seelenweide ist genial. So erhalten Menschen eine ideale Metaebene geschenkt, um sich selbst mutiger zu begegnen.»

Kathi Kaldewey
Erwachsenenbildnerin, Referentin, Autorin

«Schwarze Schafe fallen auf und ecken an. Doch die Schafe des Kleinen Hirten, die Schwester Elisabeth in ihrer Eigenheit und Bedürftigkeit spannend und nuanciert beschreibt, zeigen sich als bunt gemischte Herde. – Eine Einladung zu differenzierter Selbstwahrnehmung. Diese Lektüre regt dazu an, mehr vom facettenreichen Leben, wie es von Gott gemeint ist, zu entdecken.»

Schwester Doris Kellerhals
Pfarrerin, Kommunität Diakonissenhaus Riehen

Vorwort

Durch das Erzählen einer Geschichte nimmt uns Schwester Elisabeth Merz mit in ein Thema, das uns aus verschiedenen psychologischen Konzepten bekannt ist, die Personenanteile in der Psyche des Menschen in den Blick nehmen und beschreiben, um zu psychischer Gesundheit und persönlicher Entfaltung zu gelangen. Viele Menschen haben schon erfahren, dass ein bedrohlicher innerer Anteil erst dann die destruktive Wirkung verloren hat, als sie ihm eine «Gestalt und Stimme» gegeben haben.

Schwester Elisabeth erlebte dies, als ein Schaf den Weg ihres «inneren Auges» kreuzte. Dies ist Ausdruck der großen Möglichkeiten seelischer Bilder, mit denen die Seele uns Schlüssel zu Erlebens- und Verhaltensweisen schenken kann. Ihr Buch ist nicht aus der Theorie oder einem therapeutischen Ansatz entstanden und man sieht nirgends den pädagogischen Zeigefinger. Schwester Elisabeth hat sich auf die Sprache ihrer Seele eingelassen, die sie mit ihren Personenanteilen vertraut machen wollte.

Schafe sind für gewöhnlich keine bedrohlichen Tiere, sondern schutzbedürftig. Gerade dieses Bild half Schwester Elisabeth, sich ihren Personenanteilen zuzuwenden und an sich zu arbeiten. Später, viel später wurde daraus eine Geschichte, die erzählt werden kann und erzählt werden soll, weil sie einladen und neugierig machen will für das Terrain der eigenen Seelenweide. Wenn wir den Kleinen Hirten begleiten, können wir so manches Vertraute, aber auch Überraschendes entdecken.

Mit einer feinen Prise Humor und tiefer Freundlichkeit wird der Zugang zu «den eigenen Schafen» ermöglicht. Es wird deutlich, dass es in dieser Begegnung nicht um ein programmatisches

Abarbeiten geht, als müsse oder könne man mit den Schafen der eigenen Seelenweide so einfach fertig werden. Vieles ist Prozess, hat zu tun mit Zulassen, Vertrauen und Akzeptanz. Das wird nicht jeder in denselben Bildern und Rollen tun, denn es gibt kein festes Drehbuch bei der Erkundung der eigenen Seele. Manche Menschen visualisieren Tiere oder Märchenfiguren, andere ein Orchester oder ein inneres Team wie Friedemann Schulz von Thun. Dies hat mit dem persönlichen Erfahrungshorizont zu tun.

Dass Schwester Elisabeth für die Rollenbesetzung ihrer Personenanteile das Hirten-Schaf-Szenario gewählt hat, ist einerseits aus ihrem persönlichen glaubensmäßigen Hintergrund sehr verständlich. Andererseits ist es ein umso mutigeres und himmelswitziges Unterfangen, dieses durch Umdeutung zu entfremden. Das Bild des Hirten, der sich ohne Unterlass und unter Einsatz seines ganzen Seins um seine Schafe kümmert, hängt als Original im «Heavenly Art Museum». Wer die Geschichte liest, erkennt sofort, dass der Kleine Hirte sich der Diskrepanz zwischen «hier und dort» sehr bewusst ist. Deshalb bezieht der Kleine Hirte für die Vollendung seines Werkes immer wieder den Großen Hirten mit ein.

Indem Schwester Elisabeth dieses Hirten-Schaf-Szenario für die von ihr visualisierte Arbeit an und mit den eigenen Personenanteilen nutzt, nimmt sie der primären Deutung dieses Bildes, nämlich des Dienstes am anderen, jedoch ihr Gewicht. Dadurch bringt sie gerade den «Einsatz für Gott, den Großen Hirten», in ein neues und befreites Verhältnis zu dem Dienst des Großen Hirten an ihr selbst, der zuerst in der Hinwendung zur eigenen Person erlebt werden darf. Dann bekommt der Einsatz nach außen die rechte Motivation, das richtige Maß.

Aufgrund der Eigenarbeit, die Schwester Elisabeth geleistet hat, ist das Büchlein authentisch. Durch das Angebot, den Kleinen Hirten zu begleiten, öffnen sich den Leserinnen und Lesern womöglich ganz eigene Erfahrungen.

Ich wünsche diesem Büchlein eine erfreute Leserschaft, denn die Entdeckung innerer Personenanteile und die gepflegte Kommunikation mit ihnen ist ein Weg, der vom Bekämpfen zum Integrieren führt.

Sabine Brendlin
M.A., Psychologin (Lösungsorientierte Psychotherapie)
und Lebensbegleiterin

Wie alles begann

«Doch wer bist du, und welche Kraft hast du, wenn du dich selbst, wenn du deine Seele verloren hast?»

Manchmal bringt uns der Einsatz für den Beruf, für die Familie, die Politik, die Umwelt oder ein anderes Thema an den Rand unserer Kräfte. Für mich war es der Einsatz für Gott, den Großen Hirten,[1] wie ich ihn später in der Geschichte nenne, der mich zunehmend auslaugte. Neben meiner Arbeit als Kindergärtnerin in einem Stadtviertel, wo ich mit vielen notvollen Familiensituationen konfrontiert war, half ich am Samstag in der Jungschar und am Sonntag im Kindergottesdienst mit, besuchte zwei Hauskreise und war auch sonst in der Kirchengemeinde aktiv. Mit meiner Entscheidung, die Berufung in eine Schwesterngemeinschaft anzunehmen, tat ich einen weiteren Schritt. Ja, ich wollte als Diakonisse Gott noch mehr dienen.

Es war in der Anfangszeit meines Schwesternlebens, in einer Schulung zum Thema «Leben im Spannungsfeld von Anspruch und Wirklichkeit», als ich realisierte, wie enttäuscht, leer und überfordert ich war. Was hatte ich nur falsch gemacht? Nach außen hin war ich sehr aktiv und gab viel weiter, doch in mir war diese große Leere. Eine Leere, in der ich einen Keim der Sehnsucht nach Leben zu entdecken glaubte.

Mir wurde bewusst, welch hohe Ansprüche ich an mich selbst stellte, und ich begann zu ahnen, dass ich vielleicht tatsächlich etwas falsch verstanden hatte. Konnte es sein, dass Gott das alles gar nicht von mir erwartete? Konnte es sein, dass er mich beschenken wollte? Konnte es sein, dass ich ihm wichtig war und nicht in erster Linie meine Leistung zählte? Dann bräuchte

[1] Die Bibel, Hebräerbrief, Kapitel 13, Verse 20-21.

ich ihm und mir gar nichts vorzuspielen! Hatte ich im Einsatz für andere ein Stück meiner selbst verloren?

Dem wollte ich nachgehen! Ich wollte der Wirklichkeit ins Auge schauen, sehnte mich danach, authentisch zu leben, meine Masken fallen zu lassen, nicht mehr in einer Rolle zu verharren. Ich wollte ich selbst sein.

So fasste ich den Entschluss, an einer Exerzitienwoche teilzunehmen, eine Meditationswoche in der Stille, im Gespräch mit Gott, innerlich unterwegs mit Worten aus der Bibel.

Und da bin ich nun also, in meinen Exerzitien in Wülfinghausen. Neben dem alten Klostergebäude, das von einem wunderschönen, etwas wilden Garten umgeben ist, lädt mich der Wald zum Spazieren ein. So bin ich auch heute unterwegs, enttäuscht von mir, vom Leben, von Gott. Müde von allen Anstrengungen, ein freies Leben zu führen, wie Gott es ja verspricht. Festgehalten in meiner Selbstverurteilung.

Weit weg ist der biblische Text, über den ich auf dem Spaziergang nachdenken wollte. Ich bin gefangen in meinen Gedanken. Mein Blick ist trotz aller herbstlichen Schönheit fixiert auf das, was mich belastet.

Da! – Fast unmerklich, überraschend und schlicht spaziert ein Schaf über meinen Weg und verschwindet so schnell und unauffällig, wie es aufgetaucht ist, wieder im Gestrüpp.

Es muss vor meinem inneren Auge gewesen sein! Was für ein merkwürdiges Schaf! Ein Schaf mit zwei Röhren vor den Augen, wie ein Fernglas. Ich erschrecke ein wenig und muss gleichzeitig

**«Ich suchte die Stille,
ich suchte Gott
und über den Weg
spazierte mir ein Schaf!»**

lachen. Ja, genau, mit diesem Röhrenblick bin ich unterwegs!

In den nächsten Tagen begegnen mir immer wieder neue Schafe. Ich merke, dass da eine ganze «Schafherde» in mir ist, die ich weggedrängt und vergessen hatte. Eine «Herde» von Gedanken, Gefühlen, Verhaltensmustern, Eigenschaften und Werten, die zu mir gehören, denen ich aber nur wenig Raum gebe. Ich will mich selbst doch nicht so wichtig nehmen und habe gelernt, dass manche Gefühle und Charaktereigenschaften als «nicht gesellschaftsfähig» gelten. Aber sind sie das wirklich?

Es geschieht noch viel in dieser Woche. Kurz bevor ich nach Hause reise, schreibe ich in mein Tagebuch:

«Die Schafe beschäftigen mich. Eine ganze Herde tummelt sich in meinen Gedanken! Ich möchte ihnen Raum geben, sie kennenlernen und dabei mich selbst besser kennenlernen. Ich möchte die positiven Seiten jedes Schafs entdecken, aber auch darauf achten, wo sie das Leben hemmen.
Wie viele Schafe hat meine Herde wohl? Und hat sich das eine oder andere etwa verlaufen?
Ich möchte möglichst viele von ihnen finden und kennenlernen!»

Ich stelle mir vor, wie sich in jedem Menschen viele Schafe tummeln und muss laut darüber lachen. Oh Gott! Du hast Humor!

Zurück in Riehen holt mich der Alltag erschreckend schnell wieder ein, doch meine Schafherde kommt mit! In den nächsten Monaten und Jahren entdecke ich tatsächlich immer wieder neue Schafe. Manche begleiten mich lange, bis ich ihnen einen Namen geben kann. Die einen muss ich locken und suchen, ein anderes steht plötzlich im Weg und einige drängen sich mir regelrecht auf. Es ist spannend und herausfordernd zugleich. Ich setze mich mit jedem einzelnen Schaf auseinander. Jedes hat sein eigenes Wesen, bekommt einen Namen, jedes ist einmalig. Manchmal bin ich müde und denke: «Es reicht jetzt!» Doch mit jedem Schaf, das ein Gesicht bekommt und seinen Platz in meiner Herde findet, ist es mir, als fände ich ein Stück meiner Seele, als käme meine Seele mehr und mehr ans Licht, ins Leben.

Dieser ganze Prozess erfreut mich, berührt mich, bewegt mich und bestürzt mich. Wo waren die Schafe die ganze Zeit? Weshalb habe ich sie vorher nie wahrgenommen? Wie kommt es, dass ich sie so lange ignorieren konnte? Ich bin wahrhaftig keine gute Hirtin!

Es fällt mir nicht leicht, für das, was in mir geschieht, Worte zu finden, die es erklären könnten. Darum erzähle ich dir eine Geschichte: Die Geschichte vom Kleinen Hirten. Sie ist ein Gleichnis, eine erfundene Geschichte, inspiriert durch mein Erleben, Erfahrungen aus der Seelsorge und dem Alltag als Lehrerin. Natürlich fließt auch viel Fantasie mit ein.

Vielleicht findest du dich in dieser Geschichte teilweise wieder.

Die Geschichte vom Kleinen Hirten

Der Kleine Hirte

Als der Kleine Hirte ein noch wirklich kleiner Kleiner Hirte war, freute er sich sehr an seinen Schafen und überhaupt an allem, was ihm gehörte. Da waren der Gemüsegarten, die Blumenbeete, der Wald mit seinen Pilzen und Ameisen, der Ort, wo die Heidelbeeren wuchsen, das Bächlein, das munter durch seine Welt plätscherte. Mitten in diesem kleinen Paradies lag eine saftig grüne Wiese, die Seelenweide, wo sich die Schafe so richtig wohlfühlten. Das Haus des Kleinen Hirten stand am Waldrand direkt neben der Weide.

Er liebte diese kleine Welt, die für ihn voller Abenteuer steckte. Oft spielte er am Bach, während die Schafe daraus tranken. Er tobte mit ihnen über die Weide und sie folgten ihm in den Wald, wenn er auf Beerensuche war oder wilde Tiere beobachtete. Mittags lagerten sich die Schafe im Schatten der großen Eiche, während er in ihrem Geäst kletterte.

Für jedes Schaf hatte sich der Kleine Hirte einen Namen ausgedacht. Die Namen passten wirklich gut zu ihnen. Sie beschrieben etwas, das dieses Schaf einmalig machte.

Der Kleine Hirte war so gern mit ihnen zusammen, dass er nie allein anzutreffen war. Ab und zu kam ein anderer kleiner Hirte zu Besuch. Und auch der Kleine Hirte besuchte andere und immer gingen ein paar Schafe mit.

Auch als der Kleine Hirte zur Hirten-Schule ging, begleiteten ihn einige seiner Schafe. Da gab es für alle viel zu staunen und zu lachen.

Doch manchmal kam es zu Situationen, in denen es dem Kleinen Hirten unangenehm war, dass seine Schafe sich meldeten. Situationen, in denen er sich für sie schämte oder sich ärgerte. Aber sie gehörten nun einmal zu ihm und eigentlich hatte er sie gern.

Als er jedoch älter wurde, wollte er nicht mehr, dass ihm seine Schafe überallhin folgten. Immer wieder lenkten sie ihn – wie er meinte – hartnäckig vom Wesentlichen ab. Sie brachten ihn durch ihre Eigenart in Verlegenheit, tauchten oft unerwartet und gerade dann auf, wenn er meinte, sie am wenigsten brauchen zu können. Da wusste der Kleine Hirte: Er musste seine Schafe unter Kontrolle bringen.

So baute er eines Tages einen Zaun um die Seelenweide. Das war gut so. Er hatte den Eindruck, dass er sich nun freier bewegen konnte, und fühlte sich sicherer.

Nach wie vor ging er jeden Morgen und manchmal auch abends über die Weide, grüßte seine Schafe und unterhielt sich ein wenig mit ihnen. Er schnitt Dornen ab, brachte etwas Salz vorbei und kümmerte sich um ein Schaf, wenn etwas nicht in Ordnung war.

Mit der Zeit entdeckte und lernte der Kleine Hirte von anderen kleinen Hirten, dass es noch jede Menge Arbeit gab, die er für den Großen Hirten tun konnte. Er besuchte andere kleine Hirten, um ihnen mit Rat und Tat zur Seite zu stehen. Bald wurde er auch eingeladen, ganze Gruppen von kleinen Hirten zu lehren. So war er nun oft unterwegs.

Es gab ja so viel zu tun! Und der Kleine Hirte machte es gern, tat er es doch nicht nur für die vielen kleinen Hirten, sondern auch für den Großen Hirten! Für ihn scheute er keine Arbeit. Bestimmt freute der Große Hirte sich über seinen so selbstlosen Einsatz!

Doch seine Schafe?

Der Kleine Hirte fand immer weniger Zeit für sie. Und so wurden die Schafe ihm, fast unmerklich, immer fremder. Bald kannte er nicht einmal mehr alle beim Namen. Er wurde unsicher, wie er seinen eigenen Schafen begegnen und mit ihnen umgehen sollte. Oder hatten sich hier gar fremde Schafe eingeschlichen?

Der Kleine Hirte vermied es immer mehr – ganz unbewusst – sich auf seiner Seelenweide blicken zu lassen. Wenn er dann doch gelegentlich die Weide aufsuchte, kam es nicht selten zu Begegnungen, die ihn sehr verunsicherten.

Nach einem kurzen Gespräch mit einem traurig aussehenden Schaf verfiel er in tiefes Selbstmitleid, als er die Weide verließ. Und einmal, nach einer Begegnung mit einem Schaf mit zwei Röhren vor den Augen, wurde ihm ganz eng ums Herz und er geriet in große Angst.

Nein, das durfte nicht sein! So konnte es nicht weitergehen! Was sollte er tun?

Manche Schafe waren dem Kleinen Hirten so unangenehm geworden, dass er sie sich und anderen vom Leib halten wollte. Andere wurden ihm so fremd, dass er sich sogar vor ihnen fürchtete. Und wieder andere hatte er schon so lange nicht mehr gesehen, dass er sie vergessen hatte. Vergessen? Ja, vergessen!

So kam es, dass der Kleine Hirte nach und nach alle seine Schafe in die Vergessenheit versinken ließ. Das einst so schöne Weideland war jetzt mit einem verlotterten Zaun umgeben. Überall wuchsen Dornen, viele Stellen waren abgeweidet und kahl. Zwischen den wenigen Grashalmen am schmutzigen Wasserrinnsal wucherte giftiges Kraut. Abfall lag umher. Eine kleine, jämmerliche Schar von Schafen suchte unter den kahlen Ästen der einst so prächtigen Eiche Schutz vor der sengenden Sonne. Auf dieser trostlosen Weide lebten sie nun, die Schafe des Kleinen Hirten. Verloren und vergessen.

Doch Schafe vergessen nicht, wer ihr Hirte ist.

Die Schafe des Kleinen Hirten reagierten unterschiedlich auf diese Situation. Manche zogen sich zurück, sie wollten von ihrem Hirten nichts mehr erwarten. Andere verbargen sich, weil sie Angst hatten, es war ja keiner mehr da, der sie schützen konnte. Einige bekamen schlechte Laune. Sie wurden frech und unleidig gegenüber ihren Mitschafen. Es fehlte ihnen die nötige Korrektur. Die Schafe des Kleinen Hirten mussten nun selbst ums Überleben kämpfen. Da der Hirte nicht mehr zu ihnen kam, beschlossen sie nach langer Zeit, dass sie einen Weg zu ihm finden mussten.

So geschah es, dass der Kleine Hirte, nach einem langen Arbeitstag endlich daheim, unerwarteten Besuch bekam.

Tap, tap, tap, stand plötzlich das Erdloch-Schaf in seiner Stube. Es führte ein trauriges Dasein und wäre so sehr auf die Fürsorge und Ermutigung des Hirten angewiesen gewesen. Nun stand es da und jammerte und jammerte und jammerte. Als es genug gejammert hatte, zottelte es wieder davon und hinterließ eine erdige Spur auf dem Boden.

Der müde Kleine Hirte, der ja seine Schafe vergessen hatte, merkte nicht einmal, dass er Besuch hatte. Er stand mühsam vom Sessel auf und sah die Erde auf dem Boden nicht. Er nahm überhaupt nichts wahr, nicht einmal seinen Hunger. Ihm war elend zumute. Hoffnungslosigkeit, Traurigkeit und eine tiefe Erschöpfung übermannten ihn. Er wollte nur noch die Bettdecke über seinen Kopf ziehen oder – noch lieber – sich in ein Erdloch verkriechen. Wie seltsam!

Da, mitten in der Nacht, bekam er schon wieder Besuch! Blökte jemand in seinem Zimmer oder träumte er?

Beim ersten Hahnenschrei saß der Kleine Hirte aufrecht im Bett. Er hatte verschlafen! Musste denn immer alles schiefgehen? Ausgerechnet heute, wo er vor so vielen kleinen Hirten reden sollte!

«Vielleicht gehe ich besser gar nicht hin. Was ich vorbereitet habe, ist sowieso nicht gut genug für sie. Wie konnte ich diese Einladung nur annehmen? Ich kann das doch gar nicht», dachte der Kleine Hirte.

Alle Vorfreude vom Vortag war verschwunden, der Kleine Hirte sah nur noch schwarz. Aha, da muss wohl das Schwarz-Weiß-Schaf sein nächtlicher Besucher gewesen sein.

Irgendwie schaffte er es doch, rechtzeitig zu seinem Einsatz zu erscheinen. Er konnte noch der Rede eines anderen kleinen Hirten zuhören und dachte bei sich: «Na, was der da sagt, ist wahrlich nicht umwerfend. Mit meiner Rede und den humorvollen Einlagen werde ich sicher besser abschneiden als er. Oh, und was er jetzt gesagt hat, das werde ich glatt widerlegen, ich bin schließlich schon sooo lange Hirte und weiß besser, wovon ich rede!»

Erhobenen Hauptes schritt der Kleine Hirte zum Rednerpult, rückte noch einmal den Mantel und die Brille zurecht und begann mit einem selbstgerechten Lächeln, zu den vielen kleinen Hirten zu reden. Und irgendwo zwischen den Zuhörern stand ein Schaf. Das Pharisäer-Schaf.

Obwohl alles gut geklappt hatte, hatten sein Verhalten und Empfinden den Kleinen Hirten an diesem Tag sehr verunsichert. Ein paar Fragen der Zuhörer über seinen Umgang mit den Schafen klangen ihm auf dem Heimweg in seinem Herzen nach.

Welch überraschender Anblick, als er nach Hause kam! Neben der Bank vor seinem Haus lagen zwei Schäfchen. Das eine knabberte gemütlich am Stiel einer Margerite und genoss die Abendsonne, während das andere über den Horizont hinausträumte. Der Kleine Hirte holte sich eine Tasse Kaffee und setzte sich auf die Bank. Er genoss den prächtigen Sonnenuntergang und lauschte ganz hingegeben dem Abendlied der Nachtigall. Sein Blick ruhte auf den beiden Schafen.

«Danke», flüsterte der Kleine Hirte, als er den beiden sanft über den Kopf strich und im Haus verschwand.

Zufrieden zottelten das Genieß-Schaf und das Sehnsuchts-Schaf davon. Doch im Herzen und immer öfter auch in den Gedanken des Kleinen Hirten blieben sie gegenwärtig. Seine Schafe, wann hatte er sich das letzte Mal so richtig um sie gekümmert? Wie hießen sie alle gleich noch? Wie war es nur gekommen, dass er sich ihnen so entfremdet hatte? Schließlich waren sie ihm doch anvertraut, und mehr noch, ein Teil seiner selbst! Ein wichtiger Teil. Ja, eigentlich waren sie das, was ihn als Kleinen Hirten ausmachte. Wie war es nur geschehen, dass er sie so verdrängt, ja gar vergessen hatte? Was sollte er tun?

Der Kleine Hirte hatte Angst. Er hatte Angst, zu den Schafen zu gehen, Angst etwas zu unternehmen. Und er hatte Angst nichts zu tun und nichts zu unternehmen. Es würde alles aus dem Ruder laufen, das spürte er.

Nach einer schlaflosen Nacht kam ihm endlich mit dem Morgengrauen der erlösende Gedanke: Der Große Hirte! Bestimmt wusste er Rat. Er kannte doch jedes dieser Schafe!

Der Kleine Hirte schüttete sein Herz aus, er klagte dem Großen Hirten seine Not, sein Leid, seine Selbstvorwürfe und auch seine Angst. Er bat ihn um Rat und Hilfe. Wie gut! Denn darauf hatte der Große Hirte gewartet.

Erst jetzt sah der Kleine Hirte, dass der Große Hirte ihm seine Hand entgegengestreckt hatte. Ein wenig unsicher, ein wenig ängstlich, doch getrieben von einer erwachenden Sehnsucht legte er seine zitternde Hand in die starke Hand des Großen Hirten. So machten sie sich miteinander auf den Weg zur Seelenweide.

An diesem Abend stand der Entschluss des Kleinen Hirten fest: Er wollte sich wieder ganz bewusst um seine Schafe kümmern, sie neu kennenlernen, sie ermutigen, ihnen Korrektur geben. Er wollte wieder ein guter Hirte für seine eigenen Schafe werden. Doch wie?

Der Große Hirte ermutigte ihn, die vielen Aufgaben, die er auf sich genommen hatte, erst einmal zurückzustellen und einfach Zeit mit seinen Schafen zu verbringen. Er bot ihm an, ihn bei den täglichen Besuchen auf der Weide zu begleiten.

Es war ein langer Weg, eine freudige und zugleich harte Arbeit für den Kleinen Hirten. Es kostete ihn viel Zeit und Kraft.

Dabei lernte er nicht nur seine Schafe ganz neu kennen, sondern auch den Großen Hirten. Wie bald merkte der Kleine Hirte, dass er in keinem Lehrbuch beschreiben könnte, wie das geht. Er musste sich einfach darauf einlassen, wurde immer wieder überrascht, lernte, sich und den Schafen Zeit zu geben. Enttäuschungen und große Freude gehörten zu dieser Zeit.

Er konnte das alles nicht planen, er konnte sich nicht einmal vorbereiten. Aber er konnte darüber berichten. Und das tat er.

Durch Ausschnitte aus seinem Tagebuch und persönliche Briefe an seine Schafe lässt der Kleine Hirte uns Anteil haben an diesem herausfordernden und belebenden Prozess und lädt uns ein, ihn bei den Begegnungen mit seinen Schafen zu begleiten.

Aus dem Tagebuch des Kleinen Hirten

Ein Neuanfang

1. Schafember

Mein erster Besuch auf der Seelenweide

Ängstlich und unsicher halte ich mich an der Hand des Großen Hirten fest. Was erwartet mich auf meiner Seelenweide? Wie sieht es dort aus? Wie werden die Schafe auf mein Erscheinen reagieren? Werden sie mich überhaupt sehen wollen? Werden sie mir Vorwürfe machen?

Nein, keines der Schafe macht mir einen Vorwurf, aber ich mache mir Vorwürfe. Wie ich so auf der trostlosen Weide stehe, steigen Erinnerungen in mir auf. Erinnerungen an eine saftige Wiese, eine prächtige Eiche, ein Bächlein mit klarem, frischem Wasser, Erinnerungen an eine meist fröhliche, buntgemischte Schafherde. Viel mehr nehme ich heute gar nicht wahr, aber ich weiß, dass ich auf die Weide zurückmuss, und ich werde als Erstes das Schaf suchen, dessen Augen meinen Blick heute gefangen hielten, als es so traurig aus einem Erdloch zu mir emporschielte.

2. Schafember

Begegnung mit dem Erdloch-Schäfchen

Eine ganze Weile beobachte ich das Erdloch-Schaf aus der Ferne. Heute hat es mein Kommen nicht bemerkt und ich höre, wie es leise vor sich hin jammert. Eine Erinnerung steigt in mir auf: Die Erinnerung an jenen Abend, als ich so müde nach Hause kam. Da fühlte ich mich genau so und wäre am liebsten unter die Bettdecke gekrochen oder eben in einem Erdloch verschwunden. Am nächsten Tag hätte ich deswegen beinahe meinen großen Einsatz bei den kleinen Hirten verpasst.

Doch zurück zum Erdloch-Schaf: Das Erdloch scheint nicht nur sein Winterdomizil zu sein, denn dann würde es heute bei diesem lockenden Vorfrühlingswetter an die wärmenden Strahlen der Sonne kommen. Das Gejammer wird lauter und ich sehe, wie es andere Schafe irritiert, einige jammern leise mit und verkriechen sich, andere ärgern sich. In mir spüre ich beides, eine Traurigkeit und Schwere, den Impuls, die Weide möglichst bald und unbemerkt wieder zu verlassen, aber auch Ärger, das Verhalten dieses Schafes nervt mich.

Ich schaue weg und mein Blick fällt auf den Großen Hirten. Voller Liebe und Erbarmen sieht er zum Erdloch. Das gibt mir Mut. Langsam nähere ich mich dem jammernden Schäfchen und lasse mich am Rand des Lochs nieder. Es verstummt und sein leerer Blick trifft auf meinen. «Ist gut», höre ich mich sagen, «ich verstehe dich. Es tut mir leid, dass ich dich so lange nicht ernst genommen habe.»

Ja, es ist wahr, wie oft habe ich seine Stimme überhört, nicht ernst genommen oder sie in den vielen Stimmen in mir und um mich herum untergehen lassen. Ich beginne zu verstehen: Der Rückzug des Erdloch-Schafes ist und war schon immer seine Notbremse, die sagte: «Es ist genug! Es ist mir zu viel!» Mein Unverständnis und das laute Auftreten anderer Schafe haben dieses Schäfchen verletzt und tiefer in sein Erdloch getrieben. Das Gejammer ist seine Möglichkeit zu sagen: «Ich bin auch noch da! Ich habe auch Bedürfnisse!»

«Liebes Erdloch-Schäfchen, ich sehe, dass du deine Wünsche, Ideen, Bedürfnisse und Empfindungen oft schweigend zurückgestellt und schließlich im Erdloch begraben hast. Nun steckst du selbst darin fest. Du suchst in dem feuchten engen Dunkel Trost und Sicherheit. Aber eines Tages wirst du wieder ans Licht kommen, du darfst leben und dich am Leben freuen.»

Es wird Zeit brauchen, bis sich das Erdloch-Schaf von seinem vermeintlichen Ort des Trostes und der Sicherheit verabschieden kann. Doch immerhin ist in dem zuerst so leeren Blick ein wenig ängstliche Verunsicherung und zuletzt ein Funke Erwartung zu sehen. Das ist schon viel, nach einem ersten Besuch. Wie oft werde ich wohl noch beim Erdloch sitzen, ihm gut zureden und zuhören? Wann wird dieses Schäfchen genug Zutrauen haben, dass ich es streicheln, ihm Trost und Sicherheit zusprechen kann? Ich weiß, es ist jetzt wichtig, dass ich mich darin übe, auf seine leise jammernde Stimme zu hören und sie ernst zu nehmen. Ich muss lernen «Nein» zu sagen. Nur so kann ich dem Erdloch-Schaf versichern, dass ich in Zukunft darauf achten werde, dass nicht alles zu viel wird.

Ach, wie danke ich dir, du Großer Hirte, dass du diese Begegnung ermöglicht hast. Ich werde mich von nun an öfters am Erdloch niederlassen und möchte das meine dazu beitragen,

das Erdloch-Schäfchen zu entlasten und zu ermutigen, ihm wohlzutun. Danke, dass auch du ihm die Hand entgegenstreckst, denn heilsame Sicherheit und Geborgenheit wird es nur bei dir finden.

5. Schafember

Habt ihr denn Angst vor mir?

Nachdem mich gestern alle Schafe so neugierig beobachtet haben, bin ich sehr erstaunt, als ich heute auf die Weide komme: Die Schafe sind verschwunden. Nur eines, das mit den zwei Röhren vor den Augen, steht wie angewurzelt auf einem Stein, nah beim Tor, durch das ich die Weide betrete. Langsam gehe ich näher und spreche ein paar freundliche Worte. Da, plötzlich springt es vom Stein und rennt wie von einer Wespe gestochen davon. Nun bleibe ich wie angewurzelt stehen und in mein großes Erstaunen mischt sich Angst. Diese Enge ums Herz, die hat mich doch schon vor einigen Wochen befallen, als ich diesem Schaf begegnet bin! Und früher, als kleiner Kleiner Hirte, wie oft habe ich mich da gefürchtet und konnte mich vor lauter Angst kaum bewegen.

«Ja», purzelt es aus meiner Kehle, «du bist das Röhrenblick-Schaf! Du hast geschulte Augen, um Schwierigkeiten zu sehen und Gefahren im Voraus zu entdecken. Wie oft hat mir das geholfen und wie oft hat es mich gelähmt.»

Offensichtlich hat das Schaf die ganze Herde vor mir gewarnt und in Angst versetzt. Traurig setze ich mich auf den Stein und denke nach. Als ich nach längerer Zeit meinen Blick hebe, sehe ich, dass die Weide wieder belebt ist. Ich staune über die Vielfalt meiner Schafe. Dort im Schatten der Eiche steht ein geflecktes Tier. Ist es das Schwarz-Weiß-Schäfchen?

Und dort! Gemütlich liegt ein kleines Schaf im Gras und knabbert an einer Blume. «Dich habe ich doch kürzlich vor meinem Haus bei der Bank angetroffen. Es ist schön, dass du so genießen kannst», flüstere ich.

Da fällt mir ein Schaf auf, das stolz und selbstgerecht über die Weide geht und auf die anderen herabschaut. Das ärgert mich! Aber bin ich nicht manchmal auch so? Und das Schäfchen dort, mit dem rot blinkenden Lichtlein ...

Schluss jetzt, genug für heute, ich komme morgen wieder auf die Weide. Ein letztes Mal lasse ich meinen Blick über die Herde schweifen und bleibe beim Röhrenblick-Schaf hängen, das entsetzt auf das linke Hinterbein des stolzen Schafes starrt. Ja, das Röhrenblick-Schäfchen, vielleicht gelingt es mir morgen, mit ihm ins Gespräch zu kommen. Ob es am linken Hinterbein des stolzen Schafes eine Wunde zu versorgen gibt? Um das zu untersuchen, müsste ich es mir erst vertraut machen.

Wie kann ich dich nur erreichen, liebes Röhrenblick-Schaf? Ja, wie kann ich dich nur erreichen? Etwas niedergeschlagen und benebelt von diesem Gedanken stolpere ich auf die Weide. Langsam gehe ich in Richtung der Eiche, wo ich inmitten einiger Schafe das Röhrenblick-Schaf vermute. Da stupst mich jemand von hinten an! Keck schaut mir ein kleines Schaf in die Augen und fesselt meinen Blick. Ich bleibe stehen. In mir lichtet sich der Nebel. Das kleine Schaf legt sich neben mich in das frische, von der Sonne gewärmte Gras. Ich setze mich zu ihm und wispere: «Danke, liebes Genieß-Schäfchen. Ich freue mich, dass es dich gibt und dass ich dich gefunden habe, oder besser gesagt, dass du mich gefunden hast. Danke.»

Wir genießen die warme Sonne, es knabbert an einer Blume, ich sinne nach: «Warum nur verliere ich dich immer wieder aus den Augen? Ich glaube, wenn zu viel Rummel ist, dann ziehst du dich einfach zurück und bist für mich aus den Augen, aus dem Sinn. Du fühlst dich wahrscheinlich oft im Wege und fehl am Platz, hast ein schlechtes Gewissen in der Hektik um dich her? Das kenne ich, ja, ich habe mich sogar schon öfters über dich geärgert, wenn ich an all das gedacht habe, was es noch zu tun gab. Aber eigentlich war das dann nichts anderes als Eifersucht. Ich sage dir, liebes Genieß-Schäfchen, das soll sich ändern! Ich möchte das Genießen wieder lernen! Ich werde mich freuen, wenn ich dich entdecke, wenn ich beobachte, wie du dich an einem leicht verborgenen Plätzchen niedergelassen hast und mit deinem ganzen Sein genießt. Gerne werde ich mich dann zu dir gesellen, mit dir süßen Honigklee genießen und auf das Gurgeln des Baches hören. Dann bestaunen wir die Schönheit eines Marienkäfers, ich nehme die Wärme und das Licht der Sonne in mich auf und träume ein wenig vor mich hin. Was könnte mir Besseres geschehen? Bitte, liebes Genieß-Schäfchen, ruf mich doch auch mal oder stupse mich wieder an, wenn ich an dir vorbeieile und dich in meiner Hektik übersehe!»

Unter dem Eindruck, dass ich beobachtet werde, wache ich aus meinem Vor-mich-Hinträumen auf. Da steht das

Röhrenblick-Schaf. Aber es schaut gar nicht mich an, es starrt auf den Fleck zerdrückten Grases, wo eben noch das Genieß-Schäfchen gelegen hat.

«Mach dir keine Sorgen, das Gras erholt sich wieder. Probier doch ein paar von diesen zarten Halmen und den Kleeblumen, die hier wachsen», ermutige ich das Schaf. Entsetzt und etwas verunsichert schaut es mich an.

«Ich verstehe dich, du machst dir Sorgen! Dieses zerdrückte Gras, was wird das für Folgen haben! Du stellst dir vor, was geschieht, wenn die ganze Weide zerdrückt ist, du denkst, dass ihr dann alle den Hungertod erleiden würdet und dass man deshalb dem Genieß-Schaf das Genießen verbieten müsste.» Erstaunen mischt sich in den Blick des Schafes. Sehe ich da sogar ein wenig Zutrauen? «Schau nach rechts und links: Siehst du, wie prächtig das Gras hier wächst? Und siehst du die schönen Kleeblumen? Du kannst ruhig davon probieren, sie werden nachwachsen.»

Siehe da, ganz vorsichtig schnuppert es an einer Blume. Sanft spreche ich weiter: «Deine Augen sind gut geschult, um Schwierigkeiten wahrzunehmen. Scharfsinnig entdeckst du Gefahren, wenn sie noch meilenweit entfernt sind, etwa einen sich nahenden Wolf, eine Gewitterwolke. Sicher hast du auch vorausgesehen, was geschehen wird, als ich damals den Zaun um die Weide gebaut habe. Du hattest recht, es ging euch nicht gut. Ich habe euch vernachlässigt. Das tut mir leid. Nun werde ich wieder für euch da sein. Das ist mir wirklich wichtig und ich brauche deine Hilfe. Wenn du Gefahren witterst, könntest du es mir sagen? Miteinander würden wir überlegen, was zu tun ist. Du bräuchtest dann die Gefahr nicht mehr voll Panik zu fixieren und dir alle schlimmen Folgen auszumalen, denn dadurch verlierst du deine Mitschafe und den Großen Hirten aus dem Blickfeld. Ich bin gerade daran, zu entdecken, was für ein Reichtum und welch wunderbare Ergänzung wir alle zusammen sind.»

Plötzlich erinnere ich mich an das linke Hinterbein des stolzen Schafes. «Übrigens, du hast mir vor einigen Tagen schon sehr geholfen, liebes Röhrenblick-Schäfchen. Du hast mich auf die Wunde am Bein dieses stolzen, selbstgerechten Schafes aufmerksam gemacht, danke. Ich werde morgen versuchen, mich ihm zu nähern, vielleicht könntest du schon mal ein gutes Wort für mich bei ihm einlegen? Wahrscheinlich wurde es vom Stolz gebissen. Du hast es gleich erkannt, vermutlich noch ehe es seine Wunde selbst wahrgenommen hat. Ich habe gesehen, wie erschrocken du warst. Hast du dir Vorwürfe gemacht? Dachtest du, du hättest die Gefahr kommen sehen sollen? Du hast viel Verantwortung auf dich genommen, seit ich mich nicht mehr um euch gekümmert habe. Lähmende Verantwortung. Wir wollen sie nun wieder miteinander tragen. Ich hoffe, dass du neu Vertrauen fassen kannst. Auf Wiedersehen, du liebes Schäfchen.»

Im Weggehen blicke ich noch einmal zurück. Sehe ich richtig? Das Röhrenblick-Schaf knabbert zaghaft an einer Kleeblume!

Als ich mich am Abend mit dem Großen Hirten über die Ereignisse des Tages austausche, erinnert er mich an die Geschichte von Stephanus.[2] Als die aufgebrachte Menge sich um ihn drängt, ihn beschimpft und steinigt, fixiert er mit seinem Blick nicht die Menschen, nein, er blickt auf zum Himmel und Gott lässt Stephanus seine Herrlichkeit sehen. Er sieht Jesus zur Rechten Gottes stehen. So kann er sogar für seine Mörder beten!

[2] Die Bibel, Apostelgeschichte, Kapitel 6 und 7, besonders Kapitel 7, Verse 54 bis 60.

«Ach, liebes Röhrenblick-Schäfchen, das wünsche ich dir, dass du deinen Blick immer wieder zum Himmel wendest, zum Horizont der weiten Gnade des Großen Hirten. So wird dein Herz weiter und weiter. Mit deinem Röhrenblick wird es dir gelingen, durch die Finsternis hindurch die Herrlichkeit Gottes zu schauen.»

Du gütiger, Großer Hirte, so unerwartet hast du meine drückende Frage von heute Morgen beantwortet: Durch Genießen hast du mich dem Röhrenblick-Schaf nähergebracht. So hätte ich das nie geplant! Aber du durchkreuzt meine Pläne immer wieder. Ich bitte dich: Wenn das Röhrenblick-Schaf sich panisch auf Ungutes fixiert, so durchkreuze du auch seinen starren Blick und weite ihn auf deinen Horizont hin.

Ich bin gespannt, was du als Nächstes für mich bereithältst.

Der lange Atem

Allerlei Begegnungen

Heute muss ich, wie so oft, zuerst noch einmal beim Erdloch-Schaf vorbeischauen. Ich habe den Eindruck, dass es auf mich gewartet hat. Ich versichere ihm einmal mehr, dass es mir wichtig ist, auf seine Stimme zu hören, und dass ich aufpassen möchte, dass nicht alles zu viel wird. Oh, wie es mich da ansieht. Aus dem Funken Erwartung von unserer ersten Begegnung ist ein kleiner Strahl der Hoffnung geworden.

Doch nun weiter zu den anderen Schafen, denn ich bin sicher, dass mit jeder Last, die ein anderes Schaf loswird, auch das Erdloch-Schaf Erleichterung erfährt. Es scheint mir die Last der ganzen Herde auf sich genommen zu haben.

Das stolze, selbstgerechte Schaf mit der Brille wendet sich umgehend ab, als es mich kommen sieht. «Moment mal, du kommst mir irgendwie bekannt vor. Deine Selbstgerechtigkeit ist mir vertraut. Damals, bei dieser Einladung, als ich verschlafen hatte, als ich so gut dastehen wollte, extra meine Brille aufsetzte, obwohl ich sie gar nicht nötig hatte, als ich mich so erhaben und selbstgerecht wie ein Pharisäer fühlte, hattest du dich da nicht ins Publikum geschlichen? – Pharisäer-Schaf?» Meine Stimme ist zaghaft, ich schäme mich bei der Erinnerung an mein Verhalten an jenem Tag.

«Pharisäer-Schäfchen! Ich komme nicht, um dich zu tadeln. Ich möchte dir helfen. Du hast eine böse Wunde an deinem Bein, du wurdest vom Stolz gebissen, ich weiß, wie unangenehm das ist. Darf ich dir helfen?»

Nein, offensichtlich nicht. Das Pharisäer-Schaf verschwindet hinkend zwischen den Bäumen. Betrübt schaue ich ihm nach. Ich gehe ihm hinterher, doch je näher ich komme, desto tiefer verzieht es sich in das Wäldchen hinein.

Oh, da scheinen sich noch andere Schafe aufzuhalten. War da nicht eben eines, das sich in einen Mantel hüllt? Aber nein, das ist unmöglich bei diesen frühsommerlichen Temperaturen!
Dort, auf dem moosigen Stein, der von der Sonne leicht beschienen wird, liegt da nicht das Genieß-Schaf? Sein Anblick fesselt mich. Doch nein, das Genieß-Schäfchen ist es nicht. Dieses Schaf scheint etwas größer zu sein. Es hat die Augen geschlossen, aber es schläft nicht. Ich stehe einfach da und nehme das Bild in mich auf. Während ich so dastehe und den Anblick genieße, breitet sich Frieden, ja eine tiefe Stille in mir aus. Meine aufgewühlten und sorgenvollen Gedanken um die anderen Schafe kommen zur Ruhe, das nervöse rote Blinklicht, das vorhin in meinem Augenwinkel aufgetaucht ist, erlischt. Ich stehe nur da, ganz still.

Wie lange? Ich weiß es nicht. Die Zeit scheint stillzustehen. Doch als ich mich schließlich auf den Heimweg mache, ist bereits die

Dämmerung angebrochen. Dieses Schaf! Ich hätte es um keinen Preis stören können. Und doch, wie gerne hätte ich ihm etwas gesagt, diesem Stille-Schaf. Ich möchte es besser kennenlernen, aber das wird wohl ohne Worte geschehen müssen, denn Worte würden nur stören. Vielleicht werde ich ihm eines Tages einen Brief schreiben!

14. Schafember

Ist das nicht alles Zeitverschwendung?

Oh, du mein guter Großer Hirte! Ist das nicht alles Zeitverschwendung? Das Pharisäer-Schaf ist mir heute wieder davongelaufen! Dennoch konnte ich sehen, dass sich seine Wunde entzündet hat. Wie kann ich ihm nur helfen?

Dann wollte ich mich noch vergewissern, ob ich gestern recht gesehen habe, als ich diesen Mantelzipfel entdeckt habe. Aber davon war heute nichts zu sehen. Vielleicht war es nur eine Illusion? Ich bin wohl sehr müde und habe meine Sinne in den letzten Tagen etwas überstrapaziert. Oder ist etwa alles nur Einbildung?

Das Schaf mit dem roten Blinklicht hat mich heute hartnäckig verfolgt. Das macht mich nervös! Bestimmt werde ich heute Nacht wieder davon träumen: Blink, blink, falsch gemacht ... Error, Error, Error.

Der Platz, wo das Stille-Schaf gestern gelegen hat, war heute verlassen und leer, das Genieß-Schäfchen hat sich nicht einmal gezeigt, als ich nach ihm gerufen habe.

Nur das Schaf, das mir schon die letzten Tage immer wieder im Wege stand, war da und hat mich mehrmals zum Stolpern gebracht. Aber mit ihm weiß ich nichts anzufangen. Wahrscheinlich stolpere ich über meine eigenen Beine und auch dieses Schaf ist nur eine Illusion.

Ja, Großer Hirte, schau dir das an: Vor lauter Müdigkeit ob all der Illusionen stolpere ich nur noch über diese Weide. Am besten ist, ich schließe das Tor wieder zu und tue etwas Vernünftiges für dich.

Keine Antwort.

Hast du mich denn auch verlassen? – Oder bist auch du nur eine Illusion?

Keine Antwort. Aber ein Bild: Vor meinem inneren Auge taucht das dunkle Loch auf, das Erdloch. Aus dem Dunkel leuchtet ein kleiner Strahl der Hoffnung.

«Und ich habe dich heute nicht einmal gegrüßt, liebes Erdloch-Schaf.»

Wie war das noch mal?

«Und ich habe dich heute nicht einmal gegrüßt, liebes Erdloch-Schaf» – über diesem Gedanken muss ich wohl eingeschlafen sein. Aber was war das für eine Nacht!

Unterwegs auf meiner Weide stolperte ich dauernd über dieses kleine schafähnliche Geschöpf, das in einem fort jammerte: «Ich möchte doch auch mal gern, ich möchte doch auch mal gern, ich möchte doch auch mal gern ...» Das Erdloch war leer und zu einer riesigen dunklen Höhle angewachsen.

War ich tatsächlich auf meiner Weide? Ja, da war die Eiche, aber kahl und trocken, wie ich sie noch nie gesehen hatte. Viele Äste lagen auf dem Boden, sodass ich kaum bis zu ihrem Stamm vordringen konnte. Oben in den dürren Ästen saß ein Stecknadelkissen, das mich an ein Schaf erinnerte. Weit hinten im Wald, für mich unerreichbar, sah ich ganz deutlich ein Schaf, das in einen dicken Mantel gewickelt war. Als ich versuchte, das schmale, trockene Bachbett zu durchqueren, um diesem Mantel-Schaf näherzukommen, wurde es auf einmal zu einem tiefen Graben, in dem ich steckenblieb. Wenn sich der Graben nur nicht plötzlich mit Wasser füllte!

Da! Dort oben bewegte sich etwas! Große Angst ergriff mich. Das Etwas kam näher und näher und wurde völlig unerwartet zu einem riesigen Wollknäuel. Kurz bevor dieser mich überrollte, wachte ich schweißgebadet auf.

Gott sei Dank, es war nur ein schrecklicher Albtraum!

Nein, es war mehr, ich spüre es, ich weiß, der Traum hat mir etwas zu sagen: Es gibt ein Mantel-Schaf auf meiner Weide! Doch wie nur kann ich es finden?

Es gibt ein «Ich möchte doch auch mal gern»-Schaf, mein Stolper-Schaf. Es sind nicht meine eigenen Beine, über die ich immer wieder stolpere. Es ist ein Schaf. Ich werde mich ihm stellen müssen.

Und das Erdloch-Schaf: Es braucht noch immer viel Ermutigung und Sicherheit, damit es nicht im Erdloch untergeht. Das «Stecknadelkissen» und der «Wollknäuel», was die mir wohl zu sagen haben? Nun, das alles muss bis morgen warten. Heute brauche ich Ruhe, sonst trockne ich aus wie die Eiche im Traum und kann den Schafen nicht mehr den nötigen Schutz und die Fürsorge geben, die sie brauchen.

16. Schafember

Noch ein Ruhetag

Ach, ich mag heute nicht. Ich mag nicht auf die Weide gehen, ich mag noch nicht einmal an meine Schafe denken.

Großer Hirte, ich weiß nicht, was mit mir los ist, ich sollte doch nach meinen Schafen schauen, ich wollte ja auch, ich habe es ihnen versprochen, aber ich mag nicht. Könntest du vielleicht heute noch einmal allein zu ihnen gehen? Und wenn du gehst, sag ihnen liebe Grüße, ich komme bestimmt wieder, aber heute mag ich nicht.

21. Schafember

Große Freude

Große Freude erfüllt mein Herz, als ich heute aufwache. Wie viele Tage war ich denn nicht mehr auf der Weide? Ich weiß es gar nicht, und ich muss es auch nicht wissen, denn ich weiß, dass heute der Tag ist, an dem ich wieder gehen werde. Ich freue mich! Ja, ich freue mich, meine Schafe wiederzusehen, und bin gespannt, mit welchem ich eine besondere Begegnung haben werde. Ob sich mir heute ein noch unerkanntes Schäfchen zeigen wird?

Kurz bevor ich am offenen Tor ankomme, springt mir auch schon eines munter entgegen. Welche Freude! Ja, wirklich, welche Freude!
«Du musst das Freude-Schaf sein. Ich wusste doch schon immer, dass es dich gibt! Komm, mach freudig weiter so, du tust gut. Ich liebe es, wie du deiner Freude am Leben durch einen Luftsprung oder gar durch einen zarten Schafsjauchzer Ausdruck gibst. Du musst deine Freude nicht verbergen, weil du merkst, dass das Erdloch-Schaf darüber ins negative Grübeln kommt, oder weil du vom Pharisäer-Schaf mit einem verurteilenden Blick bestraft wirst.

Wenn du deine Freude nicht zu leben wagst, tut dir das nicht gut. Ohne es zu merken, gibst du damit schädlichen Wurzeln Raum, in dir zu wachsen. Und diese nähren eine andere Freude, die gar nicht hilfreich ist. Oh, so wie du mich gerade anschaust, scheinst du zu wissen, dass ich von der Schadenfreude spreche. Hat der Große Hirte mit dir schon darüber gesprochen? Dann weißt du ja, dass diese Freude nichts mit der wahren Freude zu tun hat. Sie ist Gift für jede Beziehung und schadet gleichzeitig deiner Lebensfreude.

Aber lass jetzt den Kopf nicht hängen. Wir machen alle Fehler. Du scheinst das schon erkannt zu haben. Darum: Kopf hoch! Ich wünsche dir, liebes Freude-Schäfchen, viel Mut und Kraft für die Wurzelbehandlung, die du zusammen mit dem Großen Hirten bereits begonnen hast. Ich wünsche dir Ausdauer, auch wenn es zwischendurch wehtut. Lass dich nicht abschrecken von dem, was sich alles zeigen wird. Der Große Hirte weiß bereits darum und bei ihm ist es gut aufgehoben. Er liebt es, zu vergeben, zu heilen, zu reinigen, zu erneuern und zu beschenken. Er ist die Freude. So freu dich und gib deiner Lebensfreude Raum!

Die Freude am Großen Hirten ist deine Stärke, die Freude an ihm und mit ihm, ist deine Kraft.[3] Diese Wahrheit soll immer mehr die gesunde Wurzel deiner Freude werden. Die stille, tiefe Freude, die du in dir trägst, tut gut und steckt an. Ich möchte dieser Freude in meinem Leben mehr Raum geben. Willst du mir dabei helfen? Sei willkommen in meiner Herde, auch wenn du nicht vollkommen bist!»

[3] Die Bibel, Nehemia, Kapitel 8, Vers 10.

Neues Vertrauen

Der Regenbogen

Wegen des nassen Wetters sind meine Besuche auf der Weide in den letzten Tagen eher kurz ausgefallen: Hier und da ein freundlicher Gruß und ein freundlicher Blick zurück, ein paar ermutigende Worte am Erdloch, eine kleine Annäherung an das Mantel-Schaf, ein kurzes Tänzchen mit dem Freude-Schaf, einen Verbandswechsel am verletzten Bein des Pharisäer-Schafes. Wie bin ich dankbar, dass da schon so viel Vertrauen gewachsen ist! Das Mantel-Schäfchen allerdings scheut sich noch immer, mir das Salz aus der Hand zu lecken. Eine kleine Pause beim Stille-Schaf oder ein Honigklee mit dem Genieß-Schaf bereichern meine Besuche. Auch ein «Ich möchte doch auch mal gern ...» klingt mir in den Ohren, doch ich stolpere nicht darüber, denn ich erinnere mich an den Traum und weiß, dass es sich um eines meiner Schafe handelt. Fröhliche Melodien ziehen sich durch diese Tage. Ich habe sie schon öfter gehört, bin mir aber noch nicht sicher, welchem Schaf sie zuzuordnen sind.

Heute habe ich mir vorgenommen, ein ernstes Gespräch mit dem gefleckten Tier zu führen, das oft unter der Eiche steht. Ich weiß unterdessen, dass es Schwarz-Weiß-Schaf heißt, und das beschreibt seinen Charakter gut. Es ist gewohnt in zwei Kategorien zu denken: Schwarz und Weiß, Gut und Schlecht, Erfolg und Versagen, Anfang und Ziel. Wie einengend das doch ist! Aber halt, ich muss das Gespräch mit etwas Positivem beginnen, sonst wendet es sich sofort von mir ab.

«Liebes Schwarz-Weiß-Schäfchen, du gefällst mir mit deinen Flecken, sie machen dich einmalig! Du bist eigentlich ein schön buntes Schaf! Wenn du denkst, dass du am Ziel bist, kannst du mich so richtig freudig anstrahlen. Damit erinnerst du mich immer wieder daran, dass es für unser Leben ein Ziel gibt. Das motiviert mich, weiterzugehen und dranzubleiben, und hilft mir, nicht so schnell aufzugeben. Wir sind auf einem Weg!

Es tut mir leid, wenn ich dich dann am nächsten Tag mit hängendem Kopf antreffe. Nur weil du gemerkt hast, dass du noch nicht am Ziel bist, hast du dich gleich wieder an den Anfang zurückverdammt. Wie schade! Doch damit führst du mir immer wieder den Anfang vor Augen, das tut mir gut, so kann ich sehen, dass ich nicht mehr dort, sondern auf dem Weg bin. Der Weg liegt zwischen dem Anfang und dem Ziel. Er ist spannend, voller Abwechslung und Überraschungen. Ich weiß, das magst du nicht. Aber bitte, lauf jetzt nicht gleich davon. Ich muss dir erzählen, was ich erst kürzlich und dank dir entdeckt habe! Du liebst Struktur, Klarheit und Eindeutigkeit. Entweder – oder, nicht wahr? Durch die Begegnung mit dir habe ich gemerkt, dass ich oft in zwei Kategorien denke: Schwarz und Weiß, Gut und Schlecht, Erfolg und Versagen, Anfang und Ziel.

So wurde mir klar, dass ich meine Schafe nicht in Schwarz und Weiß einteilen und damit festlegen will. Ich kann bei ihnen allen Gutes und Schlechtes sehen, Chancen und Gefahren. Alle haben sie Entwicklungspotenzial zum Guten und Schönen, zum Lebensbejahenden, wenn sie bereit sind, sich auf den Weg zu begeben. Komm auch du mit auf den Weg. Komm, ich möchte dich mitnehmen in die Begegnung mit deinen Mitschafen. Zu Beginn wirst du sie stets als schwarze oder weiße Schafe sehen. Doch ich wünsche dir Offenheit und Augen, die auch Schattierungen wahrnehmen, ja Farben sehen können. So kann auch dein Leben bunt werden.

Komm mit, du bist nicht mehr am Anfang und sollst dich nicht wieder dahin zurückverdammen. Komm mit, du bist noch nicht am Ziel und musst es auch nicht sein. Du befindest dich auf einem spannenden, herausfordernden und abwechslungsreichen Weg. Nimm ihn an. Liebes Schwarz-Weiß-Schäfchen, komm mit! Wir wollen die Welt der Farben entdecken!»

Als ich das sage, bricht die Sonne durch und malt einen wunderschönen Regenbogen an den grauen Horizont. Der Regenbogen, er sagt mir: Der gute und treue Große Hirte kommt mit uns und schenkt uns seinen Frieden auf dem Weg. Er ist Anfang und Ziel, Alpha und Omega.[4]

Brief ans Mantel-Schaf

Liebes Mantel-Schäfchen,
ich weiß doch, wie gerne du etwas vom Salz lecken würdest, aber immer, wenn ich komme, versteckst du dich. Und das Salz, das ich auf den Boden streue, haben die anderen Schafe schon weggeleckt, wenn du dann kommst. Warum genierst du dich nur so? Sommer und Winter gehst du im Mantel umher, als ob du frieren würdest, und drückst dich möglichst nah an die

[4] Die Bibel, Offenbarung des Johannes, Kapitel 1, Vers 8.

Mauer, an einen Baum, Strauch oder Stein. Man trifft dich nie inmitten der Herde an. Du hältst dich immer am Rand auf, damit du die Übersicht behalten kannst.

So bist du, liebes Mantel-Schäfchen, und so darfst du sein. Das schreibe ich dir heute. Und du, liebes Mantel-Schäfchen, schreib es dir hinter die Ohren: Du darfst sein, wie du bist! Aber du und ich, wir wissen genau, dass noch viel in dir steckt, das auch sein darf! Du sollst wissen, dass ich dich liebe und achte, mit allem, was zu dir gehört, und mit allem, was dir fehlt. Du musst nichts verbergen und nichts vortäuschen, du bist geliebt.

Heute geht alles schief

Vermutlich bin ich heute schon mit dem falschen Fuß aufgestanden. Meine Stimmung ist nicht besonders gut, mein Kissen nass ... Habe ich in der Nacht geweint? Ach, das Tränen-Schaf! Hat es mich wieder einmal besucht? Warum zeigt es sich nie, wenn ich tagsüber auf der Weide bin? Wie oft habe ich es schon gesucht, nach ihm gefragt, es gerufen, es gelockt, immer ohne Erfolg. Nur nachts kommt es ab und zu vorbei, es sucht also doch meine Nähe. Aber auf der Weide kann ich es auch heute nicht finden. Vom Mantel-Schaf ist ebenso wenig zu sehen. Ob ich es mit meinem Brief vor den Kopf gestoßen habe?

«Ich möchte doch auch mal gern ...» höre ich, und ehe ich mich versehe, liege ich am Boden. Na toll, wieder dieses Stolperschaf! «Lass mich in Ruhe, ich möchte doch auch mal gern einfach in Frieden über meine Weide gehen!», denke ich. Es heftet sich an meine Fersen, das klebrige Ding.

«Ich werde mich schon um dich kümmern, aber nicht heute, heute muss ich mit dem Trotz-Schaf sprechen. Seit Tagen zerbreche ich mir den Kopf darüber, was ich an ihm Gutes finden könnte. Doch ich weiß sehr wohl, mit dieser ärgerlichen Einstellung werde ich sein Vertrauen nie gewinnen können.»

Da kommt es ja! Aber ach, es strotzt vor Trotz. Ich strecke ihm ein paar extrasaftige süße Kräuter entgegen. Tatsächlich kommt es näher. Heftig reißt es mir die Kräuter aus der Hand und spukt sie auf den Boden. «Du trotzig dummes Schaf!», entfährt es mir und schon bereue ich meine unkontrollierte Reaktion. Ein rotes Lämpchen beginnt in meiner Nähe zu blinken. Das Schaf ist weg. Was bin ich selbst doch für ein dummes, ungeduldiges Schaf! Es ist wohl besser, ich verabschiede mich für heute von der Weide. Es läuft sowieso nur alles krumm.

«Ich dummes, ungeduldiges Schaf, habe wieder einmal alles verdorben. Ich dummes Schaf, dummes Schaf, Schaf!», so klingt es in meinen Gedanken. Ja, ich bin auch nur ein Schaf. Ein Schaf des Großen Hirten. Der Große Hirte, er hat so viel Geduld mit mir und er kann auch auf krummen Linien gerade schreiben. Ist das ein Trost! Und ich weiß, dass denen, die ihn lieben, alle Dinge zum Guten mitwirken.[5]

> *Es tut mir so leid, Großer Hirte, ich habe wieder einmal alles vermasselt, aber du siehst mein Herz und ich bin so froh, dass ich weiß, dass du auch heute dabei warst. Ich bitte dich, vergib mir meine Ungeduld und die heftige Reaktion. Ich vertraue dir, dass du mir hilfst, diesen Scherbenhaufen, den ich auf der Weide hinterlassen habe, in das schöne Bild zu integrieren, das wir zusammen gestalten.*

[5] Die Bibel, Brief an die Römer, Kapitel 8, Vers 8.

Ob auf diesem schönen Bild meiner Seelenweide eines Tages auch ein Geduld-Schaf auftauchen wird?

36. Schafember

Lohnende Geduld

Das Geduld-Schaf ist heute nicht aufgetaucht, aber meine Geduld mit dem Mantel-Schaf scheint sich gelohnt zu haben! Es steht wie gewohnt etwas abseits, beobachtet mich aber sehr genau, als ich komme. Ich mache einen Bogen um die Herde, sodass ich mit meinem Salz zuerst bei ihm ankomme. Tatsächlich kommt es, zwar zaghaft langsam, aber stetig auf mich zu, den Kopf so weit vorgestreckt, dass es mich an eine Giraffe erinnert. Sachte leckt es ein kleines bisschen Salz aus meiner Hand. Als es den Kopf zurückzieht, fällt ein Knopf von seinem abgetragenen, löchrigen Mantel ab. «Oh je», schießt es mir durch den Kopf, «das arme Schaf!» Doch das Mantel-Schäfchen scheint sich nicht daran zu stören. Erwartungsvoll lässt es sich in gebührendem Abstand von mir nieder. Und jetzt? «Ähm, liebes Mantel-Schäfchen, hast du meinen Brief gelesen?» Natürlich hat es das, sonst wäre es nicht so zutraulich.

«Ich sage es dir gerne noch einmal persönlich, ich hab dich ganz fest lieb, so wie du bist. Aber wir wissen es beide, es steckt noch viel in dir, das auch sein darf! Du musst nichts verbergen und nichts vortäuschen, du bist geliebt.»

Ich gehe sorgsam ein paar Schritte näher und bin erstaunt, wie nahe es mich kommen lässt. Als ich in seinen Augen eine leise Unruhe wahrnehme, gehe ich einen Schritt zurück und setze mich ins Gras. Oh, es ist noch nass vom Gewitter der letzten Nacht! Jetzt wäre ich auch froh um einen Mantel oder wenigstens ein dickes Fell.

«Manchmal frage ich mich, wie es dir mit den anderen Schafen so geht. Du beobachtest sie sehr genau. Schämst du dich für sie, wenn sie sich in den Vordergrund stellen, sich ab und zu auf unangenehme Art hervordrängeln, sich deiner Meinung nach zu sehr entblößen? Ist es Ärger oder gar Eifersucht, die dich sticht, wenn andere sich einmal vergessen? Gönn ihnen diese Freude! Und freue dich mit! Vielleicht kommt der Tag, an dem du selbst dich vergisst und deiner Freude mit Leib und Seele Ausdruck verleihst. Erzwingen kannst und musst du das nicht. Aber sollte es einmal geschehen, dann ärger und schäm dich nicht dafür. Mach dir keine Vorwürfe, das darf sein! Versuch, dich daran zu freuen!»

Ich halte dem Schaf noch einmal meine Hand mit etwas Salz entgegen. Und wieder streckt es seinen Hals und leckt und leckt auch noch weiter, als kein Salz mehr in meiner Hand ist … Ich zerspringe fast vor Freude und muss mich zusammenreißen, dass ich nicht laut juble!

«Liebes, liebes Mantel-Schäfchen», sage ich versonnen vor mich hin, während es noch immer meine Hand leckt, «ich wünsche dir eine solche Erfahrung, verbunden mit dem Erleben, dass niemand über dich lacht oder du dich danach dafür schämen musst!!!» Wie gerne würde ich diesen Moment miterleben!

Großer Hirte, war das ein glücklicher Tag! Hast du gesehen, wie das Mantel-Schaf das Salz aus meiner Hand geleckt hat? Ich spüre noch immer seine sanfte Zunge und die unbändige Freude, die mich in diesem Moment durchflutet hat! Und der Knopf, hast du gesehen, wie gelassen es diesen Verlust hingenommen hat? Ich freue mich auf den Tag, an dem es ohne diesen löchrigen Mantel auskommt. Hilf ihm, sich in deiner Liebe geborgen zu fühlen wie in einem Mantel und führe es in deine Freiheit, in die Weite deiner Weide.

Das rechte Maß

38. Schafember

Blutige Hände

Heute kann ich nicht viel schreiben. Meine Hände schmerzen und bluten. Das wird wohl noch einige Tage so weitergehen. Es ist wegen dem Gleichgültigkeits-Schaf. Ihm scheint es egal zu sein, wie sehr ich seinetwegen leide. Aber mir ist es nicht egal – das Schäfchen, meine ich. Ich kann es nicht lassen, nicht mehr. Der innere Schmerz über seine Situation und liebendes, glühendes Erbarmen würden sonst mein Herz in Stücke reißen, es würde platzen wie ein Luftballon.

40. Schafember

Ich wollte es wieder einmal allen recht machen

Ein anstrengender Tag liegt hinter mir: Besuche bei kleinen Hirten, eine Einladung, wo ich vor einer großen Gruppe gelehrt habe, viele Begegnungen, da ein lieber Gruß und ein freundlicher Blick zurück, ein paar ermutigende Worte hier, ein guter Ratschlag dort. Ich war wieder einmal für den Großen Hirten unterwegs und habe vielen kleinen Hirten geholfen. Eigentlich hat alles gut geklappt, und doch bin ich etwas enttäuscht, weil ich es nicht allen recht machen konnte. Ich muss lernen, mich besser abzugrenzen. Da könnte ich vielleicht vom Trotz-Schaf etwas lernen ...

Es ist schon spät, als ich zur Weide gehe. Wie gewohnt grüße ich freundlich das nette Schaf, das mich in letzter Zeit oft am offenen Tor erwartet, und wie immer kommt ein freundlicher

Blick zurück. Etwas in mir möchte mich zurückhalten, doch ich gehe weiter, denn ich suche das Trotz-Schaf. Ich habe so ein schlechtes Gewissen wegen des Vorfalls vor ein paar Tagen, als ich es ein «trotziges, dummes Schaf» genannt habe. Dort steht es mit einigen anderen Schafen zusammen. Hoffentlich rennt es nicht weg, wenn es mich kommen sieht.

Schon von Weitem stammle ich eine Entschuldigung. Es rührt sich nicht. Ja, geschieht mir recht, es wird mich nun ignorieren. Ich gehe näher heran und es braucht viel Mut, mich vor allen Schafen noch einmal laut und deutlich beim Trotz-Schäfchen zu entschuldigen. Zu meinem großen Erstaunen zwinkert es mir zu, während alle anderen mich nur fassungslos anstarren. Oder habe ich mir das bloß eingebildet? Nein, es zwinkert noch einmal und wendet sich dann ab. Wie bin ich erleichtert! Am liebsten würde ich es jetzt umarmen, doch ich halte mich zurück, denn ich weiß: Dieses kleine Pflänzchen der Freundschaft darf ich nicht zerdrücken. Es wird nur wachsen können, wenn ich ihm jetzt viel Raum und Freiheit lasse.

Wollknäuel und Stecknadelkissen

Das war ein aufschlussreicher Traum heute Nacht: Ich sah mich in einer Menge kleiner Hirten von einem zum anderen gehen, ein gutes Wort hier, ein guter Rat da, in meiner Hand lag ein Wollknäuel. Der Faden machte sich bei jedem fest, dem ich mich zuwandte, bis ich mit leeren Händen dastand.

«Ein freundlicher Gruß und ein freundlicher Blick zurück, ein Wollknäuel» – Da steckt des Rätsels Lösung! Das freundliche Schaf am Tor, es ist das Woll-Schaf!

Sogleich mache ich mich auf zur Weide, und da steht es wieder am Tor, bereit, mich willkommen zu heißen. Ein freundlicher Gruß und ein freundlicher Blick zurück. Doch dabei bleibt es heute nicht: «Schön dich zu sehen, liebes Woll-Schäfchen.» Mein Extragruß scheint ihm außerordentlich gutzutun. «Komm mit, wir wollen zusammen spazieren gehen.» Und los geht es, in Richtung Wald. Wie gut wir uns doch eigentlich schon kennen! Das Woll-Schaf hat mich mein Leben lang begleitet, auch wenn ich geglaubt habe, ich hätte es auf der Weide zurückgelassen.

«Schön, dass du da bist, liebes Woll-Schäfchen. Also, eigentlich heißt du ja ‹Allen recht mach woll›-Schäfchen! Und das hat seinen Grund. Manchmal zerreißt es dir deswegen beinahe dein Wollfell! Du willst immer allen gefallen. So streckst du dich aus nach allen Seiten und versuchst, allen ausgesprochenen und unausgesprochenen, ja zum Teil sogar frei nach Woll-Schaf interpretierten Erwartungen und Wünschen gerecht zu werden. Nicht wahr?»

Was ist denn heute für ein Tag! Oder träume ich wieder? Da kommt doch das Stecknadelkissen dahergesprungen und gesellt sich kurzerhand zu uns. «Du siehst einfach lustig aus, wenn du so über die Weide springst», lache ich ihm entgegen. Es kommt mir so vertraut vor wie das Woll-Schaf. Ja natürlich, was so aussieht wie Stecknadeln, sind die vielen feinen Sensoren. «Stecknadelkissen», so habe ich es früher im Scherz oft genannt.

«Mein liebes Sensoren-Schäfchen! Beinahe hätte ich dich nicht wiedererkannt. Wie lange habe ich dich nicht mehr gesehen! Aber offensichtlich hast du wahrgenommen, dass du willkommen bist. Ja, deine vielen Sensoren, die machen dich ausgesprochen feinfühlig. Eine große Gabe und herausfordernde Aufgabe, die du da mit dir trägst. Kommt, wir setzen uns einen Moment hier nieder!»

Das Woll-Schaf blickt zum Sensoren-Schaf, dieses streckt seine Sensoren nach allen Seiten aus, geht ein paar Schritte weiter und nickt dem Woll-Schaf zu. Wir lassen uns nieder.

«Ihr scheint euch gut zu kennen, ihr beiden. Sehe ich das richtig, dass du, liebes Sensoren-Schäfchen, das Woll-Schaf immer wieder an deinen Beobachtungen teilhaben lässt? Und dass du, liebes Woll-Schäfchen, immer wieder beim Sensoren-Schaf Rat holst, wenn du nicht sicher bist, was du tun sollst?» Ein feines Nicken der beiden Köpfe, zuerst des Sensoren- dann des Woll-Schafes, bestätigt mir, dass ich auf der richtigen Spur bin.

«Nicht wahr, liebes Sensoren-Schäfchen, du merkst sehr gut, was in den Schafen um dich herum vorgeht. Du merkst oft, was sie denken und erwarten, was sie ärgert und bewegt. Du nimmst wahr, wenn Spannungen und Konflikte zwischen ihnen sind, auch Freude und Entspanntheit sind für dich spürbar. Es kann sehr anstrengend sein, wenn man sich so ins Innenleben vieler einbeziehen lässt. Das macht dich oft müde.» Wie als Bestätigung legt das Schaf seinen müden Kopf ins Gras.

«Wenn du dann all diese Informationen noch ans Woll-Schaf weitergibst, ziehst du es mit hinein in diese Überforderung. Ihr könntet üben, euch gegenseitig zu entlasten, denn du, Woll-Schäfchen, du leistest einen großartigen Einsatz. Aber eigentlich weißt du es: Du kannst niemals allen gerecht werden. Nur, entscheiden fällt dir auch nicht leicht. So kommt es nicht selten vor, dass du alle Energie verbraucht und vor lauter Viel-Wollen gar nichts gemacht hast. Und da fragst du dich, warum du immer so müde und oft unzufrieden bist? Du erwartest Anerkennung von deinen Mitschafen und bekommst auch recht viel davon, doch macht es dich nicht satt. Lass dir sagen: Du bist mir wichtig. Und du bist wertgeachtet in den Augen des Großen Hirten. Er liebt dich, er wartet nur darauf, dass er dir seine Liebe und Anerkennung geben kann. Er wünscht sich, dir zu zeigen, wo deine Hilfe wirklich nötig ist, wo er für dich eine Aufgabe bereithält.»[6]

Beide Schafe schauen nun wieder mit erhobenem Kopf zu mir. «Darum streck dich aus, streckt euch beide aus, aber nicht nach allen Seiten, sondern vor allem und zuerst in eine Richtung: Nach oben! Und wenn du, liebes Woll-Schäfchen, vom Sensoren-Schaf Informationen geliefert bekommst, prüfe sie, frag den Großen Hirten, was er dazu meint. Vielleicht kannst du dem Sensoren-Schaf auch einmal eine Rückmeldung geben oder ihr könntet etwas gemeinsam prüfen. Auch du, liebes Sensoren-Schäfchen, sollst dich darin üben, die Stimme des Großen Hirten besser aus allen anderen Stimmen herauszuhören.

Es ist zwar schwierig, mit so vielen feinen Sensoren ausgestattet zu sein, ich weiß, liebes Sensoren-Schäfchen. Doch gleichzeitig ist es ein absolutes Privileg und eine große Chance. Siehst du die Chance auch? Und bist du bereit, die Verantwortung dafür zu tragen und daran zu arbeiten, gut damit umzugehen?

Versuch immer wieder, deine Sensoren nach oben, zum Großen Hirten hin auszustrecken, sodass sie in erster Linie seinen Willen erspüren und seine Gaben empfangen. Wenn du dich

[6] Die Bibel, Brief an die Epheser, Kapitel 2, Vers 10.

so ausrichtest, kannst du auch andere wieder an die Hilfe des Großen Hirten erinnern.

Und eines verspreche ich euch, ihr lieben Schäfchen: Wenn ihr die Stimme des Großen Hirten erkannt und danach gehandelt habt, werdet ihr glücklich sein und mit freudiger Spannung auf jedes weitere Reden des Großen Hirten warten wollen.

Apropos wollen – weißt du, liebes Woll-Schäfchen, was der Große Hirte von dir will? Er will dich. Nicht deine guten Taten. Er wartet darauf, dass du wieder einmal Zeit hast, einfach Zeit, für ihn da zu sein, Zeit mit ihm zu verbringen. Einfach so. Weil er dich liebt. Setzt euch doch ab und zu zum Stille-Schaf, ihr beiden. Dort werden sich eure Sensoren und das Wollfell entspannen und ihr werdet zur Ruhe kommen.»

An diesem lauen Sommerabend setze ich mich noch eine Weile auf die Bank vor meinem Haus.

> *Guter Großer Hirte, oh wie danke ich dir für die Begegnungen am heutigen Tag! Du siehst, wie das Woll-Schaf mit seiner Wolle so oft im Netz des vielen Wollens hängen bleibt. Schenke ihm Gnade, dass es deinen Wollfaden erkennen und ihm folgen kann auf dem Weg, den du vorbereitet hast. Bitte, Heiliger Geist, wache du über den Sensoren meines lieben Stecknadelkissens. Nimm sie unter deinen Schutzmantel. Schärfe sie oder dämpfe sie in der richtigen Weise, sodass dieses Schäfchen dich mehr und mehr erkennen und die Schafe um sich in guter Nähe und Distanz wahrnehmen kann.*

In der Nähe des Großen Hirten

Das Kleine Verwundete Schaf

Heute muss ich endlich einmal über das Kleine Verwundete Schaf berichten. Vor vielen Wochen habe ich es gefunden. Was ich da erlebte, hat mich so tief getroffen und überwältigt, dass ich es lange nicht in Worte fassen konnte. Traurig und beglückend zugleich war diese Erfahrung.

Ich hatte mich für einen Moment neben dem Stille-Schaf ins Gras gesetzt und war ganz in die Stille eingetaucht. Da drang wie aus weiter Ferne ein leises Blöken an mein Ohr. Es gab mir einen Stich ins Herz, ja es bewegte mich so tief, dass mir Tränen über die Wangen rannen. Zaghaft erhob ich mich und ging dem Blöken nach, etwas unsicher, ob ich dem, was ich antreffen würde, gewachsen wäre. Das Blöken verstummte, aber ich wusste, ich musste auf den großen Felsen klettern. Immer wieder horchte ich angestrengt nach einem Geräusch. Nichts. War es nur Einbildung gewesen? Doch es drängte mich weiter, immer weiter den Felsen hinauf. Wie anstrengend das war! Früher, als kleiner Kleiner Hirte, war ich oft und leichtfüßig auf diesen Felsen geklettert. Doch an diesem Tag strengte mich jeder Tritt unglaublich an.

Was war denn das? Diese tiefe Spalte, war sie neu? War der Felsen gesprungen? Oder war sie schon immer da gewesen und ich hatte es vergessen? Das musste ich mir genauer ansehen. Tief war sie, diese Felsspalte, und dunkel. Sah ich es wirklich oder sahen es meine inneren Augen? Da, tief unten, für mich unerreichbar, lag etwas – ein Schäfchen? War es tot? Es regte sich nicht. Doch während mir die Tränen über die Wangen liefen, war ich plötzlich gewiss: Es lebt!

Hilflos und erschüttert sank ich neben der Felsspalte auf die Knie.

«Kleines Schaf, lebst du noch? Ich bin da, ich bin dein Hirte, ich möchte dir helfen, bitte halte durch, du darfst nicht sterben, nein, du sollst leben! Leben! Leben sollst du! Du wirst wieder ans Licht kommen, ans Lebenslicht![7] Doch leider kann ich dich nicht erreichen, du bist so weit weg! Halte durch, gib nicht auf! Ich kenne einen, der dir helfen kann, der Große Hirte!

Kennst du ihn? Er ist groß und stark, aber du brauchst dich nicht vor ihm zu fürchten. Er liebt dich sehr, er will, dass du lebst, er wartet nur darauf, dass er dich hier herausholen und deine Wunden heilen kann. Hab keine Angst, vertraue ihm. Er meint es gut mit dir, seine starken Arme werden dich nicht verletzen, sondern bergen. Sein Herz ruft nach dir, kannst du es nicht hören? Er will, dass du lebst, er liebt dich so sehr, dass er sein Leben losgelassen hat. Er ist gestorben für dich und für mich, damit wir leben können.»

Ein Lichtstrahl fällt in die dunkle Felsspalte und ich sehe, wie abgemagert das kleine Geschöpf ist, ja, da kann wirklich nur der Große Hirte helfen. Er wird es aus dieser Finsternis, aus diesem Todesschatten herausholen, pflegen, hegen und nähren, seine Wunden reinigen, verbinden und heilen. Er wird es im Bausch seines Gewandes mit sich tragen, bis es stark genug ist, um auf der Weide zu wohnen.[8]

[7] Die Bibel, Psalmen, Kapitel 116, Verse 8 bis 9 und Kapitel 118, Vers 17; Evangelium nach Johannes, Kapitel 14, Vers 19.

[8] Die Bibel, Jesaja, Kapitel 40, Vers 11.

Ich stehe auf, trete einen Schritt zurück und bitte: «Komm, Großer Hirte, nimm du dich des Kleinen Verwundeten Schafes an.»

49. Schafember

Das Gröbste ist überstanden

Viele Tage und Wochen hat der Große Hirte das Kleine Verwundete Schaf mit sich getragen. Lange konnte ich nur die Rundung im Bausch seines Gewandes sehen. Mit der Zeit sah ich manchmal ein Stück Fell oder ein Beinchen, welches das Schäfchen hinausstreckte. In den letzten Tagen steckte es immer wieder sein Näschen durch die Falten des Gewandes, und ich sah, wie es ab und zu mit seinen neugierigen Äuglein die Welt betrachtete.

Heute hat mir der Große Hirte dieses zarte Wesen in die Arme gelegt. «Danke, danke, du lebst, Kleines Verwundetes Schaf!», flüstere ich ihm zu. «Ja, mein liebes Schäfchen. Diese tiefen Wunden brauchen noch Zeit, um heil zu werden. Vor langer, langer Zeit sind sie dir geschlagen worden. Vielleicht warst du nicht willkommen oder du wurdest verachtet, andere haben dich klein gemacht, haben über dich gelacht, haben dich nicht ernst genommen. Obwohl du versucht hast, dir einzureden, dass das alles nicht wahr ist, sitzt es tief in dir: ‹Ich bin ja doch nichts wert, ich mache alles falsch, ich bin den anderen eine Last, ich sollte gar nicht leben ...› Aber du weißt nun, Gott sei Dank, dass der Große Hirte ganz anders über dich denkt, und manchmal kannst du dich sogar richtig daran freuen.

Er hat auch schon begonnen, deine Wunden zu pflegen und zu heilen. Du bist viel kräftiger und lebenstüchtiger geworden, aber die vollständige Heilung braucht Zeit. Viel Zeit beim Großen Hirten. Und ich, ich möchte dich ermutigen. Ich möchte Zeit mit dir verbringen, Zeit, in der wir nichts leisten, sondern die Welt erkunden und uns am Leben erfreuen! Ja, du sollst leben! Erschrick nicht, liebes Schäfchen, wenn eine Erfahrung, eine Bemerkung oder gar deine eigenen Gedanken eine deiner Wunden treffen und der Schmerz wieder aufflammt. Die Heilung braucht Zeit und Schmerz darf sein. Ich fühle ihn mit dir und möchte dich ermutigen, dass du nicht aufgibst, dass du dich im Schmerz nicht zurückziehst, nicht in Selbstmitleid versinkst. Suche immer wieder die heilende Nähe des Großen Hirten. Schmerzende Wunden sind sehr unangenehm. Sie machen hilflos und du fühlst dich ihnen ausgeliefert. Doch ich habe gelernt, dass auch darin eine Chance liegt: Du kannst dich nicht selber heilen. So erinnern dich die schmerzenden Wunden daran, wie wichtig es ist, in der Nähe des Großen Hirten zu bleiben. Er rät uns: ‹Bleibt in mir und ich in euch. Denn ohne mich könnt ihr nichts tun›.[9]

Was es heißt, wenn man nichts tun kann oder wenn man denkt, dass das, was man tut, nichts wert sei, weißt du wohl. Doch lass dich nicht entmutigen: Tu deine Arbeit, setze deine Gaben ein und steh zu dir. Aber alles, auch das Kleinste, tu aus der Kraft und Verbundenheit mit deinem Großen Hirten! Mit ihm kannst und wirst du trotz deiner kleinen Kraft Großes tun. Und sei nicht erstaunt, wenn du gerade in den Bereichen, wo du Verletzungen erfahren hast, für andere zum Segen wirst.»

[9] Die Bibel, Evangelium nach Johannes, Kapitel 15, Verse 4 bis 5.

Brief ans Stille-Schaf

Liebes Stille-Schäfchen,
wie hat mir die Zeit mit dir gestern wieder gutgetan! Du bist mir so vertraut, mir scheint, wir hätten schon viele Gespräche geführt, tiefe, ernste Gespräche, doch ohne Worte. Weil ich dich in deiner Stille nicht stören und doch gerne einmal in Worte fassen will, was mir für dich wichtig ist, schreibe ich dir diesen Brief.

Liebes Stille-Schäfchen, du weißt, wo deine Sehnsucht gestillt wird. Ich bin froh, dass du zu meiner Herde gehörst, auch wenn ich dich im Vielerlei des Alltags viel zu selten besuche. Du drängst dich mir nicht auf, wie manche der anderen Schafe es tun. Oft sehe ich dich nicht, du bist verborgen und doch nah. Ich weiß das, denn wenn ich äußerlich zur Ruhe komme, einen einsamen Ort aufsuche, so bist du meistens schon da und heißt mich willkommen! Danke, dass du immer wieder da bist, ohne dass ich dich lange suchen oder auf dich warten muss. Du bist mir ein besonderes Geschenk des Großen Hirten. Du führst mich in die Stille, wo Leib, Seele und Geist zur Ruhe kommen. Du führst mich in eine wohltuende Stille, in eine erfüllte Ruhe. Du führst mich in die Gegenwart des Großen Hirten. In seiner Nähe darf ich sein, an seinem Herzen ruhen. Ich darf dann mit seinen Augen auf das sehen, was hinter mir liegt, und neue Kraft schöpfen für das, was kommt.

Liebes Stille-Schäfchen, das ist also der Ort, wo du dich die ganze Zeit verborgen hältst! Da könnte sich doch glatt dieses «Ich möchte doch auch mal gern»-Schaf wieder melden! Dort bist du also, beim Großen Hirten, still wie ein kleines Kind bei seiner Mutter;[10] doch jederzeit bereit, mich zu empfangen und mit in diese Stille hineinzunehmen.

Danke, liebes Stille-Schaf, dass du diesen Platz für mich ‹warm› hältst. Lass dich nicht von dort vertreiben, auch nicht durch die Hektik um dich herum. Lass dich nicht aus dieser Ruhe und Stille, aus dieser tiefen Verbundenheit mit dem Großen Hirten bringen. Auch dann nicht, wenn ich dich lange nicht besuchen komme.

Guter Großer Hirte, halte du das Stille-Schaf verborgen bei dir.[11] Lenke meinen Blick und meine Sehnsucht immer häufiger hin zum Stille-Schaf. Und bitte hilf mir, dass ich es zulassen kann – auch mitten im Getriebe –, dass es mich in deine wohltuende Stille, in deine Gegenwart lockt.

[10] Die Bibel, Psalmen, Kapitel 131, Vers 2.
[11] Die Bibel, Brief an die Kolosser, Kapitel 3, Vers 3.

Freude

Das kleine Pflänzchen ist erstarkt

Das kleine Pflänzchen der Freundschaft mit dem Trotz-Schaf ist schon richtig kräftig geworden. Es scheut keine Berührung mehr, im Gegenteil, das Trotz-Schaf liebt das Spiel des Hörnchenstoßens! Und jedes Mal, wenn ich es gewinnen lasse, habe ich den Eindruck, dass von der Härte, die noch mitschwingt, ein kleines bisschen weggeschmolzen ist. Nach einem besonders ausgiebigen Ringen sinken wir beide erschöpft ins Gras.

«Ich habe solche Freude an dir, liebes Trotz-Schäfchen! Weißt du eigentlich, dass ich deinetwegen einmal schlaflose Nächte hatte? Ich habe mir große Sorgen gemacht, ich konnte beim besten Willen nichts Gutes an dir finden. Deine Trotzreaktionen haben mir sehr wehgetan. Aber du kannst dich gut abgrenzen, und da habe ich unterdessen viel von dir gelernt. Bist du bereit, auch von mir etwas zu lernen?»

Ich hoffe, dass ich es mit dieser Frage nicht zum Trotzrückzug veranlasse. Nein, sein ganzer Körper spannt sich zwar etwas an, aber es bleibt ruhig im Gras liegen. Ich kann also sorgsam weiterreden: «Hast du dich schon einmal mit dem Woll-Schaf unterhalten? Ihr seid zwar sehr verschieden, aber ihr könntet einiges voneinander lernen. Man muss nicht immer allen alles recht machen, aber was aus reinem Trotz geschieht, ist auch nicht förderlich, weder für dich selbst, noch für die Beziehung zu deinen Mitschafen. Du weißt wohl um deinen Trotz, aber weißt du auch, was ich beobachtet habe?

Dein Trotz regt sich vor allem dort, wo du Verletzungen hast, wo unklare Verhältnisse herrschen oder wo du dich unsicher fühlst!

Gegenüber Schafen, die dich verletzt haben oder die dich an frühere Verletzungen erinnern, reagierst du oft trotzig. So haben deine trotzigen Reaktionen also trotz allem etwas Gutes: Sie helfen, Verletzungen zu entdecken. Aufgedeckte Verletzungen können wir dem Großen Hirten hinhalten, und er kann sie behandeln.

Trotz kann auch helfen, Ungeklärtes zu erkennen, so können wir es ins Licht des Großen Hirten bringen und mit seiner Hilfe klarer sehen. Deine Sicherheit liegt allein in ihm. Er möchte sie dir geben. Dein Trotz kann dir also zum Segen werden!

Wenn du ihn jedoch blind auslebst, wirkt er zerstörerisch, denn mit jeder Trotzreaktion deckst du deine Verletzungen noch mehr zu, schaffst noch mehr Wirrnis in unklaren Situationen und steigerst deine Unsicherheit. Ich freue mich sehr über den Weg, den du schon gegangen bist. Wollen wir zusammen weiter üben?»

Statt einer Antwort, die ich auch gar nicht erwartet habe, fordert mich das Trotz-Schaf erneut zu einem Hörnchenstoßen auf.

Welch unglaubliche Kraft da freigesetzt wurde! Aber nicht nur deshalb, auch weil ich vor Freude und Erleichterung lachen muss, habe ich in diesem Kampf keine Chance.

Das war ein schöner Tag, aber jetzt bin ich sehr müde. Dabei habe ich mich heute nur um das Trotz-Schaf gekümmert. Was ist mit allen anderen? Auch sie bräuchten mehr Aufmerksamkeit! All jene, denen ich schon lange einmal nachgehen wollte. Und die, die ich noch gar nicht wiedergefunden oder kennengelernt habe. Eine Schwere überfällt mich. Werde ich das jemals schaffen?

Überraschung in der Nacht

In meinem Traum tummeln sie sich alle, die Schafe meiner Seelenweide. Die einen laut und frech, andere anhänglich und immer im Weg, manche jammernd und laut blökend. Es ist einfach nur anstrengend und unmöglich, da Ordnung hineinzubringen, geschweige denn, ihnen gerecht zu werden. Ich wache auf, schweißgebadet und zünde ein Licht an. Da steht ein Schaf in meinem Schlafzimmer! «Nein, bitte das nicht auch noch!»

Treuherzig blickt es mich an. Ich vergrabe mein Gesicht in seinem Fell und weine. «Ich möchte doch, ich will für euch da sein, aber ich schaffe es nicht, ich kann es nicht.» Geduldig erträgt es meine verzweifelten Worte, meine Tränen und steht einfach da, bis sich mein Schluchzen etwas beruhigt hat. Ich fasse mich, stehe auf und gehe ins Bad, um mein Gesicht zu waschen.

Als ich zurückkomme, steht das gute Schaf immer noch da und durch meine geschwollenen Augen erkenne ich das Schwarz-Weiß-Schäfchen. «Komm mit, du bist noch nicht am Ziel und musst es auch nicht sein. Du befindest dich auf einem spannenden, herausfordernden und abwechslungsreichen Weg. Nimm ihn an. Lieber Kleiner Hirte. Komm mit! Wir wollen deine bunte Schafherde entdecken!»

Während ich diese, meine eigenen Worte, die ich damals dem Schwarz-Weiß-Schaf zugesprochen habe, in meinem Inneren höre, geht die Sonne auf. Sie erinnert mich an den wunderschönen Regenbogen am grauen Horizont. Ja, der Regenbogen, er sagt mir: Der gute und treue Große Hirte kommt mit uns und schenkt uns seinen Frieden auf dem Weg.

Was für ein Trost! «Danke, liebes Schwarz-Weiß-Schäfchen, danke, dass du gekommen bist!»

Heute scheint die Sonne wieder

Wie freue ich mich, als ich das Freude-Schaf mit dem Sing-Schaf tanzen sehe!

Hast du gesehen, Großer Hirte, wie da die Füße des Mantel-Schafes mitgezuckt haben? Ich meine sogar, dass ihm ein weiterer Knopf abgefallen ist. Auch das Gleichgültigkeits-Schaf hat sich für einen kleinen Augenblick aus seinem Panzer gelöst und das Pharisäer-Schaf, ich habe es genau gesehen, hat ein wenig gelächelt.

Oh, da fällt mir auf, dass ich über das Gleichgültigkeits-Schaf schon lange nichts mehr geschrieben habe. Es war aber auch ein zäher Brocken!

Darf ich das so sagen? Ach ja, du weißt doch, wie ich es meine, und hast auch meine blutigen Hände gesehen. Ich habe es sehr lieb gewonnen. Danke für alle Liebe und Geduld, die du mir für dieses Schaf geschenkt hast. Ohne dich hätte ich das nie geschafft!

Ich erinnere mich noch sehr gut an jenen Abend, als ich mutlos und mit blutenden Händen nach Hause kam. Ich dachte, ich sollte dieses Schaf, das sich nicht rührt, wenn ich komme, und um das ich mich deshalb lange Zeit nicht gekümmert habe, wenigstens einmal streicheln. Aber ich hatte die Stacheln übersehen. Au! Hat das wehgetan! Ich muss laut geschrien haben, denn die Schafe stoben in alle Richtungen davon. Nur das Gleichgültigkeits-Schaf blieb ungerührt liegen. «Das wird ein zäher Brocken», habe ich vor mich hingemurmelt und beschlossen, dass ich diese stachelige Schale knacken werde. Aber wie?

Alle meine guten Ideen und Vorsätze verflogen, als ich am nächsten Tag wieder vor diesem gleichgültigen Tier stand. Ich spürte, wie ich vor lauter Hilflosigkeit aggressiv wurde, wusste aber genau, dass ich so keine Chance hatte, ihm näherzukommen. So ließ ich viele Tage ins Land ziehen und redete mir ein, dass es mir doch egal sein könne, dieses Schaf.

Aber es ließ mir keine Ruhe. Ich bat: «Oh, du mein guter Großer Hirte, ich weiß echt nicht weiter, kannst du mir helfen?»

Keine Antwort.

Dann mach ich es eben allein!

Doch als ich am nächsten Tag wieder beim Gleichgültigkeits-Schaf stand, merkte ich, dass sich in mir etwas verändert hatte. Ich empfand eine tiefe Liebe und großes Erbarmen. Obwohl es mit ziemlichen Schmerzen verbunden war, streichelte ich sorgfältig über sein stacheliges Fell. Mit den Schmerzen an meinen Händen wuchs in mir auch der innere Schmerz über die Gleichgültigkeit, die Härte und Kälte, die ich bei diesem Schaf wahrnahm. Und mit dem Schmerz wuchs wiederum der Wunsch, ihm zu helfen, und eine glühende Barmherzigkeit – oder soll ich sagen Warmherzigkeit?

Habe ich mich an die Schmerzen gewöhnt oder werden die Stacheln tatsächlich langsam etwas weicher? Das will ich heute herausfinden.

Ich gehe an den tanzenden Schafen vorbei auf das Gleichgültigkeits-Schaf zu. Sehe ich das nur vor meinem inneren Auge oder ist in den Augen dieses Schäfchens etwas erwacht?

«Warum nur gibst du dich so stachelig? Warum sagst du mir, es sei dir egal, ob ich komme oder nicht? Es sei dir überhaupt alles egal, es gehe dich doch alles nichts an? Es habe dich nie gestört, dass ich mich nicht um dich gekümmert habe? Weißt du, mich stört es. Ich mache mir

Vorwürfe und ich glaube nicht, dass es dir wirklich egal ist», so rede ich ihm zu, während ich es streichle und tapfer versuche, mir die Schmerzen nicht anmerken zu lassen.

«Ich denke nämlich, ich habe da noch eine andere Seite an dir entdeckt, etwas Weiches, Zartes, das in dir wieder Raum gewinnen will. Doch davor hast du Angst, denn es könnte dir wehtun. Du hast dir eine harte und stachelige Schale zugelegt. Wie mit einem Panzer kannst du so jede Art von Pfeilen abwehren. Du stellst dich hin und alles prallt an dir ab. Das scheint hilfreich zu sein, doch mit diesem Verhalten provozierst du deine Mitschafe geradewegs dazu, mit Pfeilen auf dich zu schießen. Und ich habe auch schon beobachtet, dass ab und zu ein Pfeil doch seinen Weg in dein Inneres findet. Du gehst dann mit einer scharf gewürzten und mit Humor getarnten Portion Ironie zum Gegenangriff über. Das tut nicht nur weh, das schafft auch Verwirrung. Du hast anderen Schafen damit schon manch unheilsames Lachen abgerungen, ein Lachen, das eigentlich ein Weinen hätte sein sollen.»

Meine Hände brauchen eine kleine Pause.

«Erinnerst du dich noch an meinen Besuch bei dir, als ich dich das erste Mal streicheln wollte? Du hast dir zwar nichts anmerken lassen, aber ich habe eine giftige Ironie gespürt, als ich mir die Hände an deinen Stacheln aufgerissen und vor Schmerz und Überraschung aufgeschrien habe.

Wenn ich dir, liebes Gleichgültigkeits-Schäfchen, jetzt sage: ‹Super, dass es dich gibt!›, dann könntest du das ironisch verstehen. Ich meine es aber ernst: Es ist gut, dass es dich gibt. Ich denke nur, du solltest einen neuen Namen bekommen. Wie wäre es mit Schutz-Schaf? Wie oft war ich, als kleiner Kleiner Hirte dankbar, wenn mir einfach alles zu viel wurde und du dich dann in deiner ganzen Größe schützend vor mich gestellt hast! Wie oft war und bin ich froh, mich hinter dir verstecken zu können. Scheinbar gleichgültig, unberührt stehst du dann da wie ein Schutzschild vor mir und lässt alles an dir abprallen: Das Zuviel der Eindrücke des Alltags, alle Angriffe der eigenen und fremden Anklagen, negative Gedanken, zerstörerische Kritik, Katastrophenberichte von nah und fern, den Druck der Erwartungen, kurz: Alles, was das Leben in mir einengen, lähmen, ja töten will.

Aber du? Wie geht es dir dabei? Lebst du noch? Haben nicht die Härte und Kälte dieses Panzers auch dein eigenes Herz ergriffen und es erstarren lassen? Und wie stachelig du geworden bist! Schau dir das einmal an!» Ich halte ihm meine zerkratzten Hände vors Gesicht.

«Ja, du hast mich vor mancher inneren Verletzung geschützt, hast damit aber auch viel Schönes und Gutes, viel Lebenspendendes abprallen lassen. Die Härte dieses Schildes hat dann auch mein Herz ergriffen und erstarren lassen.»

Obwohl ich nicht viel Regung beobachten kann, habe ich das Gefühl, dass das Gleichgültigkeits-Schaf die Liebe und Barmherzigkeit, die hinter meinen Worten brennen, wahrnimmt.

Wir schauen uns schweigend an. Ein kleiner Marienkäfer schwirrt durch die Luft und setzt sich auf die Nase meines Gegenübers. Wie muss es da niesen! Ich lache, nicht ein ironisches, nein, ein liebevolles und befreites Lachen ist es. Und als ich dem Schäfchen zum Abschied noch einmal übers Fell streichle, scheint es mir ganz weich geworden zu sein.

«Oh, du liebes Gleichgütig- äh, liebes Schutz-Schaf», murmle ich im Weggehen vor mich hin, «wie sehr wünsche ich dir, dass deine Schale für alles Lebensfördernde, für alles, was der Große Hirte dir schenkt und zumutet, durchlässig wird und dass du die Gabe des Schützens behältst.»

Vielleicht kann ich ihm helfen, zu lernen, wie es sich am Schild des Glaubens festhalten kann. Damit könnte es alle lebensfeindlichen Pfeile löschen.[12]

Großer Hirte, ich danke dir für das Glück dieses Tages. Danke für die Sonne, danke für die tanzenden Schafe, danke für das weiche Fell des Schutz-Schafes. Schenke du ihm Mut und gute Erfahrungen damit, alles was von dir kommt, an sich heranzulassen. Sei du selbst sein Schutz und Schild, dass es sich bei dir sicher weiß und deine Nähe zulassen kann, dass es sich von dir und deinem Erbarmen ergreifen lassen und dein Wort aufnehmen kann. Schütze du es vor allem Bösen, vor allem, was das Leben bekämpfen will. Und wenn es sich dann einmal so sicher fühlt, dass es die Waffe der Ironie abgeben kann, erhalte ihm den Humor. Denn dieser ist ein gutes Geschenk von dir und hat befreiende und heilende Kräfte.

[12] Die Bibel, Brief an die Epheser, Kapitel 6, Vers 16.

Die guten Seiten entdecken

Vergiss deine Brille nicht!

Der tägliche Verbandwechsel am entzündeten Bein des Pharisäer-Schafes bringt endlich Frucht. Die klaffende Wunde schließt sich langsam und sein Herz beginnt, sich zu öffnen. Immer wieder habe ich ihm versichert, dass es mir wichtig und wertvoll ist, auch wenn es andere Schafe oft vor den Kopf stößt. Ich habe ihm von Zeiten erzählt, in denen ich auf andere herabschaue. Es scheint echtes Vertrauen zu mir gefasst zu haben und zu glauben, dass ich nicht auf es hinabschaue, wenn es seine Schwächen zugibt.

«Weißt du, liebes Pharisäer-Schäfchen, es ist doch ganz gut, dass du so einen scharfen Verstand hast! Und deine kritische Haltung hat mich schon in manchen Situationen daran erinnert, dass ich nichts überstürzen soll. Von dir habe ich gelernt, mehr Vorsicht walten zu lassen, mir noch einmal gründlich über eine Sache Gedanken zu machen, bevor ich mich darauf einlasse. Oft zu Recht. Wegen deines Stolzes schäme ich mich zwar ab und zu, doch hat er mich auch schon davor bewahrt, mich zu sehr ausnutzen zu lassen. Du hast mir damit geholfen, andere daran zu erinnern, dass ich nicht zur Befriedigung ihrer Wünsche da bin. Erinnere doch bitte auch das Woll-Schaf ab und zu daran!

Aber, liebes Pharisäer-Schäfchen, nicht Stolz und Selbstgerechtigkeit sollen dich regieren. Ich wünsche dir ein gesundes Selbstvertrauen. Du bist wertvoll, aber du darfst dich auch mal bücken. Denk daran, dass dir in deinen Mitschafen auch der Große Hirte begegnet. Ist es nicht dein tiefstes Verlangen, ihm zu gefallen? Das merkt man doch an deinem Bemühen, gerecht zu sein. Es tut mir leid, wenn ich sehe, wie du es immer wieder schaffst, in deiner eigenen Gerechtigkeit scheinbar gut dazustehen, und nicht merkst, wenn es auf Kosten anderer geschieht. Fällt dir nicht auf, wie anstrengend das ist? Mit deinem Streben nach Selbstgerechtigkeit setzt du deine ganze Kraft für einen Kampf ein, den du nie gewinnen kannst. Das musst du auch nicht, denn der gute Große Hirte hat schon für dich gekämpft und gewonnen. Er ist die Gerechtigkeit. Das muss ich mir auch immer wieder vor Augen halten. Weißt du, welche Momente ich deshalb besonders liebe?

Wenn ich mich in deine scheinbar einsichtige Schafslogik mit verstrickt habe und der Große Hirte wieder einmal alle Stricke zerreißt und mir seinen gnadenvollen Horizont öffnet. Oder wenn ich im Kampf um meine Selbstgerechtigkeit vom stolzen Pferd stürze und der Große Hirte mich ins Meer fallen lässt, ins Meer seiner Gnade, und ich neu erkenne: Ich muss nicht kämpfen, ich kann schwimmen. Seine Gnade trägt mich. Deshalb brauche ich seine Vergebung und sein Erbarmen immer wieder.

Ich glaube, liebes Pharisäer-Schäfchen, ich würde dich vermissen, wenn du nicht da wärst ...»

Ich habe mein Reden bewusst nicht unterbrochen, als das Pharisäer-Schaf die Brille abgesetzt und sich eine Träne abgewischt hat. Aber jetzt, wo es sich zum Gehen wendet, kann ich mir ein Schmunzeln nicht verkneifen: «Vergiss deine Brille nicht!»

71. Schafember

Nebel

Habe ich heute meine Brille vergessen? Nein, es ist der Nebel, der mir die Sicht verschleiert. Dick und schwer liegt er auf der Weide. Nicht einmal die bunten Herbstfarben lässt er mich sehen. Ich taste mich sorgfältig auf dem unebenen Boden voran. Da schmiegt sich ein Schaf an meine Beine, ich streichle ihm sanft über den Kopf. Sein Fell ist nass, aber nur im Gesicht, es kann also nicht vom Nebel sein.

«Tränen-Schaf, bist du es?», flüstere ich leise. «Ich habe gehofft, dich einmal auf der Weide anzutreffen. Du hast mich nachts schon oft besucht.»

Gott sei Dank, die vielen, für mich oft unangenehmen Besuche dieses Schafes in der Nacht waren also nicht umsonst. Es hat Zutrauen gefasst.

«Ich bin froh, dass du weinen kannst und mich das Weinen wieder gelehrt hast. Wir empfinden das zwar als unangenehm, aber wir müssen uns dafür wirklich nicht schämen! Zu lange hast du deine Gefühle dem Gleichgültigkeits-Schaf abgegeben. Ja, für dich war das bequem, so hattest du damit nichts zu tun. Doch nun übt sich das Gleichg... äh, das Schutz-Schaf in seiner neuen oder eigentlichen Verantwortung. Das ist dir zur Herausforderung und zur Chance geworden. Denn du bist dazu geschaffen, den Gefühlen Ausdruck zu verleihen. Den tiefen Gefühlen. Ja, ich weiß, es kann wehtun, aber es befreit: Tränen der Trauer und des Schmerzes, Freudentränen, Tränen der Erleichterung, des Mitleidens, Tränen der Sorge und der Wut. Kannst du sie schon unterscheiden von den Tränen des Selbstmitleids und der

Verzweiflung? Tränen-Schäfchen? Wo bist du?»

Das Schaf ist im Nebel verschwunden. Oh weh, war ich zu forsch? Eine Weile suche und rufe ich nach ihm, doch ohne Erfolg. Das Tränen-Schaf bleibt verschwunden, dafür bahnt sich die Sonne einen Weg durch den Nebel. Das tut gut. Enttäuscht und müde setze ich mich unter die Eiche und lehne mich gegen ihren mächtigen Stamm. Meine Augenlider werden schwer und die Gedanken langsam. «Wie schade, dass ich das Tränen-Schaf vor den Kopf gestoßen habe», denke ich noch, dann bin ich eingeschlummert.

Was ist los? Wo bin ich? Warum fällt mir das Atmen so schwer? Kein Wunder! Ich sitze noch immer unter der Eiche und in meinem Schoß sitzt ein Schaf, ein recht großes und kräftiges, das sich gegen meine Brust lehnt. Eigentlich ist es viel zu groß für meinen Schoß, aber ich freue mich, obwohl es mein Hemd nass geweint hat. Das Tränen-Schaf! Es scheint mit seinen Gefühlen noch etwas überfordert zu sein. Ich bin froh, dass ich noch einmal Gelegenheit bekomme, ihm gut zuzureden.

«Wie fühlst du dich, mein liebes Schäfchen? Sind es Traurigkeit oder Schmerz, die deine Tränen fließen lassen? Bist du erleichtert oder verzweifelt? Hat dich gar das Selbstmitleid wieder einmal eingeholt? Ja, das Selbstmitleid und die Verzweiflung, sie haben es als Erstes geschafft, deine Augen wieder zu befeuchten. Auch wenn das nicht die hilfreichen Tränen sind, immerhin, sie haben in dir die Quelle wieder zum Fließen gebracht. Ich denke, unterdessen hast du auch gelernt, sie von den anderen Tränen zu unterscheiden. Die einen hinterlassen rote Spuren in deinen Augen und eine Schwere im Herzen. Die anderen, die, die du nicht selbst erzeugen kannst, bringen Erleichterung. Es sind heilende

Tränen. Sie sind ein Geschenk des Heiligen Geistes.

Ja, diese Tränen sind Frucht davon, dass du dem gütigen Großen Hirten ähnlicher wirst, dass du Schmerz empfindest, wo er Schmerz empfindet. Dass du mitleidest, wo er mitleidet. Solche Tränen sprechen oft mehr als Worte. Eines Tages wirst du sie als gutes Geschenk empfinden und dich vielleicht sogar darüber freuen.

Ich wünsche dir, liebes Tränen-Schäfchen, dass du mehr und mehr den Wert der Tränen erkennen kannst und so mehr zu deiner Bestimmung findest. Der Große Hirte vermag jede Träne in eine Perle zu verwandeln.»

77. Schafember

Die Blätter fallen

Der Sommer hat sich definitiv verabschiedet. Ich ziehe meinen Mantel etwas enger zu und freue mich an den schönen Farben des Herbstes, die mir durch den zarten Nebelschleier entgegenleuchten.

Ob das Erdloch-Schaf vielleicht ab und zu, ganz heimlich, sein Loch verlässt? Es scheint mir schon viel entspannter zu sein als bei unserer ersten Begegnung. Ja, damals, habe ich nur davon geträumt, dass ich es eines Tages streicheln und ihm Trost und Zuversicht zusprechen würde. Das ist unterdessen zu ei-

ner Selbstverständlichkeit geworden. Trotzdem frage ich mich: Wird es sich jemals aus dem Loch hinauswagen?
Bums! Plötzlich liege ich am Boden. Ich bin gestolpert, ohne ersichtlichen Grund. Was soll denn das nun wieder? Ich fühle mich beobachtet. Langsam setze ich mich auf und lausche. Durch den Nebelschleier sehe ich nur unklar und bin nicht sicher, ob sich dort bei den großen Steinen ein Schaf befindet. Eine fröhliche Melodie dringt aus der anderen Richtung an mein Ohr. Oh ja, die habe ich doch schon früher gehört und wollte ihr einmal nachgehen.

Noch bevor ich mich dazu entscheiden kann, mischt sich eine andere Melodie, eine eifrig jammernde Melodie, mit ein. «Ich möchte doch auch mal gern, ich möchte doch auch ...» Ach nein, nicht schon wieder! Doch halt, habe ich mir nicht vorgenommen, mich diesem «Ich möchte doch auch mal gern» gelegentlich zu stellen? Ich stehe mir nur selbst im Weg, wenn ich es nicht tue. Wie oft bin ich nun schon darüber gestolpert. Es ist nicht gut, wenn ich weiterhin versuche, es mir vom Leibe zu halten, es gehört doch zu mir.

Dieser Satz ist mir so vertraut, das ist wohl mit ein Grund, dass ich ihn nicht ausstehen kann. Ich verurteile ihn in mir. Na dann, lass uns einmal genau hinhören, ich werde das schon durchstehen. Also stehe ich auf, nicht äußerlich, nur innerlich. Das heißt also, ich bleibe sitzen, aber ich stehe dazu: Es ist auch mein Satz. Ganz schlicht stimme ich mit ein in dieses eifrig suchende Jammern: «Ich möchte doch auch mal gern, ich möchte doch auch mal ...»

Mehr tue ich nicht. Sogleich verstummt die andere Stimme, das erstaunt mich. Einer der Steine, der also tatsächlich ein Schaf ist, bewegt sich und ich kann nun deutlich seine Umrisse erkennen. Lange Zeit lauscht dieses Tier, das «Ich möchte doch auch mal gern»-Schaf, meinem eifrig suchenden Jammern.

Wenn ich diese Situation von außen betrachte, muss ich lachen! Da sitzt ein Kleiner Hirte im Nebel auf der Weide und jammert in einem fort. Ein Schaf steht daneben und wundert sich.

Ich muss so lange jammern, bis mir wirklich sehr jämmerlich zumute ist. Doch endlich bewegt sich das erstaunte Schaf auf mich zu und stupst mich mit seiner feinen Nase an. «Ja, hallo, danke, dass du kommst. Möchtest du dich auch mal zu mir setzen? Oder was möchtest du gerne? Was vermisst du? Was fehlt dir? Ich verstehe, dass du dich von mir benachteiligt fühlst, ich habe dich immer weggedrängt, das tut mir leid. Aber jetzt bin ich für dich da.»

Das Schaf scheint es zu genießen, dass ich ihm so viel Zuwendung gebe, und lässt sich gerne am Kopf streicheln, während ich weiterrede.

«Du bist hungrig und durstig nach Liebe, Lob, Bestätigung und Annahme. Du suchst Trost und Halt, Versorgung für Leib, Seele und Geist. Du hast davon wohl zu wenig bekommen, als du klein warst, und ich war auch nicht für dich da. Ich litt selbst Mangel und habe mit so viel Eifer gesucht, dass daraus immer größere Eifersucht erwuchs. Aus dem zaghaften ‹Ich möchte doch auch mal gern› kann ein so starkes Gefühl des Zu-kurz-Kommens erwachsen, dass man anderen Leid zufügt, um selbst besser dazustehen. Kennst du das?

Es sind nicht absichtlich geplante Attacken, und wenn wir es merken, tut es uns im Nachhinein oft leid. Wir leiden selbst darunter. Wie oft muss ich mich entschuldigen und etwas wiedergutmachen. Wie oft bitte ich den Großen Hirten um Vergebung! Ja, die Eifersucht, sie mehrt unser eigenes Leiden. Oder ist sie nicht viel mehr Ausdruck eines versteckten Leidens? Eben Ausdruck von Mangel, von Hunger und Durst? So versuchen wir, zu etwas zu kommen, was uns vorenthalten wurde. Bei mir ist das auf jeden Fall so und dein eifrig suchendes Jammern wird dabei oft zum Antreiber.»

Schmunzelnd stelle ich fest: «Wir sind doch ein gutes Team. Wollen wir das auch weiterhin sein? Wir könnten uns entscheiden, denen zu vergeben, die uns nicht genügend versorgt haben, und denen, die uns unseren Mangel immer vor Augen gehalten haben. Das heißt, ich vergebe auch dir und du mir. Durch die Vergebung werden wir fähig, den Mangel loszulassen. Ich werde in Zukunft für dich sorgen und du könntest mich darauf aufmerksam machen, wenn ich Gefahr laufe, wirklich zu kurz zu kommen, weil ich vor lauter Einsatz für andere mich selbst vergesse. Gemeinsam wollen wir uns darin üben, das anzunehmen, was uns der Große Hirte aus seinem Reichtum anbietet. So können unser Hunger und Durst gestillt werden. Was sagst du dazu?»

Als Antwort schmiegt das Schäfchen seinen Kopf an meine Brust und ich höre ein leises: «Ich möchte doch auch mal gern.» Ich nehme es in die Arme. Meine Tränen glitzern in seinem

Fell wie Perlen. Wir genießen die stille Gemeinschaft, bis wieder diese fröhliche Melodie durch den Nebel an unsere Ohren dringt.

Sehnsucht steigt in mir auf: «Oh, du Großer Hirte, bitte wandle meine Eifersucht in Sehnsucht.»

Nun erkenne ich die Melodie: «Der Herr ist mein Hirte, mir wird nichts fehlen ...»[13]

Aufmerksam lauschen wir dem Lied. Als hätten wir es abgesprochen, lösen wir uns beim Verklingen des letzten Tones aus unserer Umarmung. Ja, wir sind ein gutes Team.

Gemeinsam geht es nun in die Richtung, aus der schon das nächste Lied erklingt. Da treffen wir es, das Sing-Schaf. «Was für eine Freude, liebes Sing-Schäfchen! Du hast uns genau mit dem richtigen Lied beschenkt!»

Gemeinsam singen wir noch eine ganze Weile weiter. Ich möchte in den nächsten Tagen besonders aufmerksam sein für das Sing-Schaf, ich glaube, es trägt viel zur Stimmung auf der Weide und in meinem Herzen bei.

[13] Die Bibel, Psalmen, Kapitel 23.

Musik und Fehlersuche

«Hänschen klein ...» und «Error»

Mit der Melodie von «Hänschen klein» im Ohr bin ich heute aufgewacht. Das Sing-Schaf! Am frühen Morgen wäre mir ein anderes Lied zwar lieber, aber ich wollte mich ja sowieso noch einmal mit ihm unterhalten. In den letzten Tagen habe ich viele schöne Situationen auf der Weide beobachtet, die ich dem Sing-Schäfchen zu verdanken habe. So auch heute.

Auf der Weide angekommen, treffe ich eine kleine fröhliche Gruppe Schafe an. Sie plaudern miteinander, genießen die Gemeinschaft und singen immer wieder ein frohes Lied. Anstatt mit einer Warnung zu mir zu rennen, sitzt das Antivirus-Schaf mitten unter ihnen und blinkt im Takt mit seinem roten Lichtlein dazu. Oh, wie mich das freut, war ich doch bei unserem Gespräch vor einigen Tagen recht hart zu ihm. Das blinkende Licht machte mich anfangs so nervös und das Schäfchen hielt es mir auch noch ständig vors Gesicht. Sogar wenn ich abends die Augen schloss, leuchtete es immer wieder auf: «Error, falsch gemacht! Versagt! Das war ein großer Fehler!»

«Ich weiß, es ist deine Aufgabe, mich auf Fehler aufmerksam zu machen», schleuderte ich ihm gereizt entgegen, «aber mir scheint, du übertreibst es ein bisschen. So kann ich dich gar nicht ernst nehmen! Zugegeben, ich war auch schon froh um deine Meldung, aber oft merke ich ja selbst, wenn etwas schiefgelaufen ist. Dass du dann kommst und es mir noch einmal und immer wieder vor Augen hältst, das kannst du dir sparen! Einmal reicht! All die alten Fehlermeldungen, die Dinge, die schon längst bereinigt sind, könntest du wirklich löschen: ‹Delete›! Kennst du diesen Befehl etwa nicht? Und nachts könntest du mich auch gerne in Ruhe lassen.»

Nach diesen Worten wurde mir bewusst, dass ich etwas heftig und emotional gewesen war. Der Kopf des Antivirus-Schafes hing bis zum Boden, das Lichtlein war erloschen. «Entschuldigung!», stotterte ich erschüttert. «Ich, ich wollte nicht so heftig sein. Ich brauche dich ja! Deine Urteilskraft ist eine gute Gabe und der Schöpfer hat dich nicht umsonst mit einem Virenscanner ausgestattet. Den sollst du nicht ausschalten. Doch ehrlich gesagt, weiß ich noch nicht recht, wo und wie du diese Gabe am besten einbringen kannst.»

Erwartungsvoll schaute das Schäfchen zu mir auf. «Gib mir etwas Zeit. Bis dahin übe zu unterscheiden, was wichtig und was unwichtig ist.»

Natürlich ist das eine schwierige Aufgabe und ich muss ihm oft bei der Unterscheidung helfen. Daraus ist ein Spielchen entstanden: Das Antivirus-Schaf blinkt mir entgegen, ich rufe: «Du nervst», und es lässt sein Licht noch nervöser blinken, bis ich frage: «Ist es etwas Wichtiges?» Es überlegt und sagt: «Ja, heute schon, du hast das Erdloch-Schaf noch nicht besucht», oder «Hmm, nein, eigentlich nicht, ich glaube du kannst es vergessen, mir ist nur grad wieder in den Sinn gekommen, dass du vor ein paar Tagen das Salz nicht auf die Weide mitgebracht hast, aber ich glaube, das hatte ich schon einmal erwähnt.» – «Siebenmal», antworte ich und zwinkere ihm zu.

Aber so entspannt wie heute habe ich es noch nie gesehen. Es scheint mir nun bereit zu sein, eine wichtige Aufgabe zu übernehmen. Nur welche?

85. Schafember

Und noch einmal «Hänschen klein ...»

«Hänschen klein» klingt auch heute wieder in meinen Ohren und erinnert mich daran, dass ich noch nicht alles über das Sing-Schaf berichtet habe: Ich freue mich jedes Mal, wenn es mich mit einer Melodie oder einem Lied überrascht! Besonders schätze ich es, wenn es dem Trotz-Schaf mit einem Lob- oder Danklied ein fröhliches Zwinkern ins Auge zaubert oder dem Erdloch-Schaf ein Trostlied ins Gemüt singt. Es beeindruckt mich, wie es durch sein unerwartetes Auftreten den starren Blick des Röhrenblick-Schafes zu bewegen vermag. Und ich muss darüber lachen, wenn es mit einem unpassenden Lied eine Situationskomik zustande bringt, die sogar dem Gleichgültigkeits-Schaf ein Lächeln abringt. Ich freue mich auch, wenn sich, wie gestern, das Antivirus-Schaf in seiner Gegenwart so entspannt.

Wie oft hat es mich aus meiner Langweile oder Grübelei gelockt und mir einen neuen Horizont eröffnet, mich ins Staunen, Loben und Danken geführt. Sein großer Liederschatz überrascht mich immer wieder!

Das alles sage ich ihm heute und sehe, wie es die Worte in sich aufsaugt. Ob daraus ein neues Lied entstehen wird?

«Wenn du allerdings mit ‹Hänschen klein› oder so auftrittst und kein Ende findest, kannst du mir ganz schön auf den Wecker gehen.» Als ich das sage, verrät mir sein gestellt unschuldiger Blick, dass es mich ab und zu bewusst etwas ärgern möchte.

«Ein besonders schönes Geschenk machst du mir, wenn du mich gleich frühmorgens, ehe mich die Sorgen überfallen können, mit einem zuversichtlichen Lied begrüßt. In der Hektik, im Lärm des Alltags habe ich dich schon oft überhört oder ignoriert. Bitte verzeih mir. Gib nicht auf und versuch, mich immer wieder in allen möglichen und auch unmöglichen Situationen zu überraschen!!! Danke, dass du mich und manch eines deiner Mitschafe immer wieder hineinführst ins Lob und in die Anbetung des Großen Hirten.»

Dies sind besondere Zeiten, in denen der Große Hirte Heilung und Veränderung schafft, Zeiten, in denen er sein Bild in uns einprägt. Ich freue mich jetzt schon am Sing-Schäfchen, doch wie viel mehr freue ich mich auf den Tag, an dem es mich und alle Schafe mit hineinziehen wird in ein neues Lob- und Dankeslied für unseren Großen Hirten!

89. Schafember

Mir geht ein Licht auf

In dieser Nacht geht mir ein Licht auf. Ja, das Antivirus-Schaf soll sein Lichtlein einsetzen! Ich werde es beauftragen, über meine Gedanken zu wachen. Da hätte ich einen Viren-Scanner dringend nötig, denn ich habe festgestellt, dass sich viele Fehlgedanken und hinderliche Gedankenabläufe in mein «System» eingeschlichen haben. Es soll über alle meine Gedanken wachen. Sobald sie beginnen, sich um sich selbst zu drehen und sich in negativen Mustern zu verfangen, soll das Schäfchen Alarm schlagen. Ich möchte, dass es mich warnt, wenn meine Gedanken mit dem Sorgengeist Kontakt aufnehmen, sich in einer Lüge verstricken und andere nach eigenen Maßstäben beurteilen oder gar verurteilen. Das ist eine schwierige Aufgabe, wir werden sehr achtsam sein und gut zusammenarbeiten müssen.

Sehnsucht

Wo die Sehnsucht gestillt wird

Es liegt wieder einmal ein langer Tag hinter mir. Ich war unterwegs für den Großen Hirten. Müde und zufrieden lasse ich mich mit einer Tasse Kaffee auf der Bank vor meinem Haus nieder. Da spüre ich, wie eine Sehnsucht in mir aufsteigt, ja, ich sehne mich nach meinen Schafen. Was für ein schönes Gefühl! Haben mich nicht hier vor langer Zeit das Genieß- und das Sehnsuchts-Schaf besucht?

Sehnsucht! Das Sehnsuchts-Schäfchen hat sie vor langer Zeit neu in mir geweckt. Ich war ziemlich verunsichert durch dieses Gefühl und bin dem Schäfchen immer wieder ausgewichen. Zeit, es bewusst in meiner Herde willkommen zu heißen! Als hätte es meine Gedanken gehört, zottelt es jetzt daher, gemächlich, mit verträumtem Blick, und lässt sich in meiner Nähe nieder.

«Danke, dass du gekommen bist, liebes Sehnsuchts-Schäfchen, ich habe eben an dich gedacht! Ich freue mich, dass es dich gibt! Es war mir gar nicht bewusst, wie lange ich schon sehnsüchtig darauf gewartet hatte, dass du dich zeigen und aus dem Schatten des Gleichgültigkeits-Schafes heraustreten würdest. Und du hast es getan: Sehr zaghaft, immer wieder, aber ich wollte dich nicht so recht wahrnehmen. Obwohl ich mich nach dir gesehnt hatte, hat mich dein Erscheinen verunsichert. So war ich jedes Mal erleichtert, wenn du dich wieder zurückgezogen hast. Das klingt seltsam, nicht? Es tut mir leid, dass ich dich so lange nicht ermutigt habe, dich weiter hervorzuwagen.

Jetzt, wo ich dich besser kenne, merke ich, dass ich dich nie mehr missen möchte. Du weckst in mir so viel Schönes und Gutes, so viel Lebenskraft! Du streckst dich aus nach Liebe, nach Leben, nach Frieden, nach Freude, nach Geborgenheit, nach Erfüllung, nach Zärtlichkeit, nach inniger Gemeinschaft, nach tiefer Beziehung. Das sind wohl alles gute und erstrebenswerte Dinge, aber weißt du, sie scheinen mir manchmal auch gefährlich zu sein, sie machen verletzlich! Und das ist nur das eine. Das andere ist, dass all diese Dinge letztendlich doch nie ganz zu haben sind.

So weist mich deine Sehnsucht immer auf etwas Unerfülltes hin, auf etwas, das auf unseren irdischen Weideplätzen gar nicht vollkommen zu haben ist. Das kann ganz schön wehtun. Aber es ist auch gut. Es erinnert mich daran, dass es mehr gibt und dass ich nicht immer auf dieser Erde leben werde. Die letzte Erfüllung, den vollen Frieden, den Schalom unseres Großen Hirten werden wir erst in der zukünftigen, ewigen Herrlichkeit erlangen. Dann, wenn wir angekommen sind, im Weideland des Großen Hirten. Da wird unsere Seele zur Ruhe kommen. Da wird all unsere Sehnsucht gestillt sein.

Danke, dass du die Sehnsucht in mir so lange wachhältst. Ich möchte dich ermutigen, dass du dich zeigst, dass du auftauchst und meinen Alltagstrott durchquerst. Bitte bleib dran, auch wenn ich dich nicht immer willkommen heiße.»

93. Schafember

Meine Sehnsucht wächst

Meine Sehnsucht möglichst viele, ja am liebsten alle Schafe, die zu mir gehören, zu finden und kennenzulernen, wächst. Wie soll ich das anstellen? Ich könnte Inserate aufhängen:

Vielleicht ist es besser, ich schreibe einen Brief und lege ihn auf die Weide:

Liebes unbekanntes Schäfchen
Wie heißt du? Wo steckst du? Warum hast du dich mir noch nicht gezeigt?

Ach, vielleicht bist du ja nicht nur eines, sondern es gibt mehrere von euch, die ich noch nicht kennengelernt habe? So sage ich zu jedem Einzelnen von euch: «Komm, zeige dich mir, ich möchte dich gerne kennenlernen!»

Du hast doch sicher genau beobachtet und gesehen, dass ich mich über jedes Schäfchen gefreut habe, das sich mir zu erkennen gegeben hat, oder? Nun ja, zugegeben, manchmal war ich zuerst ein wenig verärgert oder ablehnend, das tut mir leid. Ein paar meiner Schafe haben mich sehr überrascht und da brauchte ich ein bisschen Zeit, sie besser kennenzulernen. Aber ich habe jedes einzelne lieb gewonnen und als Bereicherung dankbar in meine Herde aufgenommen.

Ich versichere dir, liebes mir noch unbekanntes Schäfchen: Du bist willkommen! Wer auch immer du bist! Was auch immer du von dir selbst denkst, in welchem Licht du dich selbst siehst, ich ermutige dich: Komm heraus aus deinem Versteck, aus dem Schatten eines anderen Schäfchens, aus der Isolation, wo auch immer du dich verborgen hältst! Komm, mach dich bemerkbar, du bist einzigartig und unersetzbar! Gib mir ein Zeichen, einen Hinweis, dass es dich gibt, einen Anhaltspunkt, wo ich dich suchen soll. Wie gerne möchte ich mich mit dir zusammen in das bergende Licht des Großen Hirten stellen.

Auch wenn ich dich noch nicht kenne, ich sehne mich nach dir! Ich wünsche dir, dass du den Mut und die Gelegenheit findest, dich zu erkennen zu geben. Dich auf den Weg zu machen und deinen Platz in meiner Herde einzunehmen. Vielleicht werde ich dich auch nie so richtig gut kennenlernen oder gar nicht finden. Dennoch darfst du zu meiner Herde gehören: Willkommen! Willkommen bei uns, so wie du bist! Wir haben alle unsere Ecken und Kanten, wir stoßen uns ab und zu aneinander, aber wir haben beschlossen, einander anzunehmen, zu helfen und zu ergänzen. Komm, du fehlst uns sonst!

Dein Kleiner Hirte

99. Schafember

Ein kalter Wintertag

Ernüchternd der Besuch beim Erdloch heute: Gähnende Leere empfängt mich, ein dunkles Loch ohne jeglichen Hoffnungsschimmer. Ich bin versucht, in große Angst zu verfallen, doch ein befriedetes Gefühl tief in mir sagt: «Es ist alles gut. Du hältst dich heute nur am falschen Ort auf.»

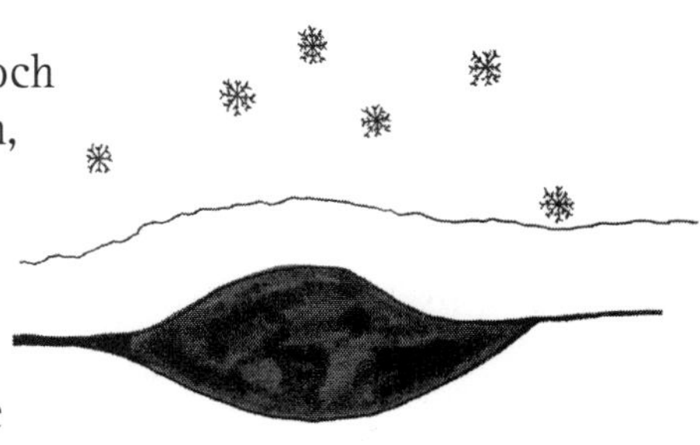

Tatsächlich, da fällt mir auf, dass die Weide wie ausgestorben ist. Die Schafe scheinen sich heute wieder einmal zurückgezogen zu haben. Na dann, zurück in die warme Stube! Ich kann ja morgen wiederkommen.

Wem gehört denn dieser Mantel hier an meinem Haken im Eingang? Er kommt mir verdächtig bekannt vor ... und es scheinen ihm sämtliche Knöpfe abgefallen zu sein ...
Es ist mir ein wenig mulmig, als ich die Tür zum Wohnzimmer öffne – nicht umsonst: Da sitzen sie alle in der warmen Stube am Kaminfeuer! Schon das bringt mich zum Schmunzeln, denn eigentlich fürchten sich Schafe ja vor dem Feuer. Aber eben: «Ihr seid besondere Schafe und vermutlich habt ihr auch das Humor-Schäfchen mit in die Stube gebracht.»

Wer sich wohl sonst noch alles mit eingeschlichen hat? Nun ja, ich habe auch sehr offenherzig eingeladen. So werde ich mich wohl bis an mein Lebensende von neuen Begegnungen und Bekanntmachungen überraschen lassen müssen ... Doch heute will ich einfach die Gegenwart meiner Schafe in der Stube genießen.

Und du, mein Großer Hirte, du siehst jedes Schäfchen, das mir noch verborgen ist, und kennst es mit Namen. Du weißt auch den Grund, warum wir uns noch nicht begegnet sind. So bitte ich dich: Bereite mich darauf vor, diesen Schafen zu begegnen, wenn sie sich zeigen, und hilf mir, sie mit deinen Augen der Liebe und Annahme zu sehen. Bereite du jedes Schäfchen vor, ermutige es, sich zu zeigen, führe uns in Situationen, die dazu hilfreich sind. Und hilf, dass wir uns verstehen und annehmen können.

Wer weiß, vielleicht brauche ich ja nicht alle kennenzulernen. Das wird der Große Hirte schon gut machen.

«Aber nun, ihr lieben Schafe, erzähle ich euch eine Geschichte: Es war einmal ein Kleiner Hirte. Als dieser Kleine Hirte noch ein wirklich kleiner Kleiner Hirte war ...»

Kenne ich meine Schafe?

Mir geht es wie dem Kleinen Hirten: Ich kenne noch nicht alle. Und die, die ich kenne, sind mir nicht alle gleich vertraut. Auch gibt es da noch viele mögliche Namen weiterer Schafe. Zum Teil kenne ich sie noch nicht so genau oder hatte bisher nicht den Mut, sie wirklich kennenzulernen. Bei einigen bin ich gar nicht sicher, ob sie Teil meiner Herde sind. Könnte das eine oder andere von ihnen gar zu deiner Herde gehören?

Abenteuer-Schaf --- Mecker-Schaf --- Immer-ich-Schaf
Allzeitbereit-Schaf --- Zachäus-Schaf --- Eitel-Schaf
Harmonie-Schaf --- Märtyrer-Schaf --- Kritik-Schaf
Statistik-Schaf --- Kontroll-Schaf --- Clown-Schaf
«Nichts verpassen dürf»-Schaf --- Grübel-Schaf
Warum-Schaf --- Ausbrecher-Schaf --- Humor-Schaf
Schmeichel-Schaf --- Wehleid-Schaf
Aufmerksamkeits-Schaf --- Tröster-Schaf --- Berechnen-Schaf
Romantik-Schaf --- Sammel-Schaf --- Spiel-Schaf
Schüchtern-Schaf --- «Das gehört mir»-Schaf
Träumer-Schaf

Manche Charaktere, die in der Geschichte auftauchen, sind am Schreibtisch entstanden oder auf einem Spaziergang. Vor allem in einer späteren Phase habe ich einzelne von ihnen bewusst gesucht. Ich hatte einen Namen im Kopf oder stolperte über eine meiner Charaktereigenschaften und setzte mich damit auseinander.

Einige Schafe haben mich dagegen einfach überrascht und ich erinnere mich noch gut an unsere erste Begegnung. Von ihnen möchte ich noch ein wenig erzählen.

Nach der Begegnung mit dem Röhrenblick-Schaf im Oktober 2002 in Wülfinghausen folgte noch in derselben Woche die Bekanntmachung mit dem Schwarz-Weiß-Schäfchen und dem Pharisäer-Schaf. Ja, in dieser Woche hatte ich viel mit mir zu kämpfen. Ich entdeckte manche Seite an mir, die mir nicht gefiel, und verurteilte mich hart dafür.

«Versuche doch einmal das, was sich gerade bei dir meldet, zuzulassen und liebevoll anzuschauen», schlug mir meine Begleiterin vor.

Wenn das so einfach wäre!

Enttäuscht und verärgert über mein kleinkariertes enges Schwarz-Weiß-Denken marschiere ich wieder einmal los in den mir unterdessen vertrauten Wald. Düstere Wolken umhüllen meine Gedanken, als es neben mir im Unterholz knistert und knackt. Ein Schaf! Schwarz-weiß ist es, das passt ja wunderbar! Ich gehe weiter, das Schaf verfolgt mich in meinen Gedanken, bis die düsteren Wolken sich langsam lichten und ich bereit bin, ihm zu begegnen. Und da, auf einmal, höre ich die Vögel singen und sehe die wunderschönen Herbstfarben, spüre die wärmenden Sonnenstrahlen. War die Welt denn schon so bunt, als ich vor einer Stunde das Haus verlassen habe?

Die Tatsache, dass sich meine Eigenschaften mir in Schafsform zeigen, hilft mir, mit ihnen ins Gespräch zu kommen und sie tatsächlich liebevoll anzuschauen.

Das macht sich in dieser Woche auch noch das Pharisäer-Schaf zunutze. Zuerst bin ich irritiert und meine, es sei das Schwarz-Weiß-Schaf. Erst beim genaueren Hinsehen merke ich, dass es sich um ein anderes Schaf handelt. Und es dauert einige Tage, bis ich weiß, wie es heißt, dieses dritte Schaf.

Die Pharisäer begegnen uns in den Evangelien als selbstgerechte, kritische und stolze Gegner von Jesus. Eigentlich wollen sie es gut und richtig machen, Regeln und Gesetze geben ihnen Sicherheit. Sie halten am Vertrauten fest, hinterfragen alles, was ihnen unbekannt ist, und brauchen Erklärungen für das Unerklärliche.[14] Daraus erwachsen eine Härte und Unbarmherzigkeit, die sie auf ihre Mitmenschen übertragen. Sie sind schnell im Richten und hart im Verurteilen. Jesus konfrontiert sie zum Teil sehr klar.

Interessanterweise begegneten mir diese ersten drei Schafe alle in Momenten der Selbsterkenntnis, die in mir Enttäuschung über mich selbst hervorgebracht hatten. Ganz anders war es mit dem Stille-Schaf: Es wartete auf dem Sonnenhof auf mich.

Der Sonnenhof in Gelterkinden, ein Haus der Stille und Einkehr, geführt von den Schwestern aus Grandchamp, ist mir schon oft zum Zufluchtsort geworden, zur Insel, zu einer Zeit «auf dem Berg» mit weitem Horizont und wohltuendem Abstand zum Alltag. Ein Ort, an dem ich gut in die Stille eintauchen und Gott begegnen kann. So auch diesmal.

Wohlweislich habe ich meine Ankunft am Freitag erst auf 17 Uhr angekündet. Wie immer ist es noch sehr hektisch, bevor ich mich in Riehen losreißen kann. Ein letztes Telefonat, noch diese E-Mail beantworten und dann, ach ja, noch schnell packen,

[14] Die Bibel, Evangelium nach Matthäus, Kapitel 9, Verse 11 und 34.

eine Notiz an meine Mitschwestern und aus dem Haus ... Aber halt, ohne Portemonnaie geht nichts, ich habe es doch extra schon morgens bereitgelegt. Wie ärgerlich, also noch einmal zurück und wieder los, im Laufschritt zum Bahnhof. Genau so stellt man sich den Einstieg in ein stilles Wochenende vor ...

Endlich mit Sack und Pack im richtigen Zug, versuche ich, meine Gedanken zu ordnen: «Habe ich denn wirklich alles Notwendige erledigt? Alles Wichtige eingepackt? Kann ich mich mit gutem Gewissen einfach absetzen für dieses Wochenende?»

Und dann, in Gelterkinden, die große Überraschung! Es ist erst halb vier! In der Hitze des Gefechtes habe ich mich um eine Stunde vertan. Sie nehmen mich wohl auch eine Stunde früher in Empfang, aber ich hätte mir die Hektik sparen können. Hinauf geht's in langsamem Schritt, den Hügel hoch. Mit jedem Schritt lasse ich ein Stück Alltag hinter mir. Es tut wohl.

Auf halber Höhe steht am Wegesrand eine rote Bank. Heute beschließe ich, dass ich ja Zeit habe, mich einen Moment auszuruhen. Schon von hier aus hat man einen schönen weiten Blick und kann auf das Dorf hinunterschauen. Spontan entschließe ich mich für ein Experiment: Eine Stunde auf der Bank sitzen bleiben. Wusstest du, wie lange eine Stunde sein kann? Nach einer gefühlten Ewigkeit gucke ich auf die Uhr: Zehn Minuten sind vorbei. Also bleibe ich sitzen.

Pünktlich um 17 Uhr klopfe ich beim Sonnenhof an und werde nach einer freundlichen Begrüßung zu meiner Bleibe begleitet. Es ist die Poustinia oberhalb des Hauses, eine kleine Hütte mit einem Bett, einem Tisch und einem Holzofen, umgeben von einer kleinen Wiese. Da sitze ich nun, allein, an der Sonne und habe nochmals eine Stunde Zeit bis zum Abendgebet. Allein in der Stille, das tut gut. Allein? Nein.

«Ich bin auch da, hast du es nicht gemerkt? Ich habe dich in die Stille geführt, habe dir geholfen, alles hinter dir zu lassen, Abstand zu nehmen vom Alltag und deine Gedanken zur Ruhe zu führen».

«Nein, ich habe dich tatsächlich nicht bemerkt, danke, mein liebes Stille-Schaf, danke, dass du da bist. Du hast mir schon oft geholfen, aber so richtig nehme ich dich erst heute wahr.»

Das Sensoren-Schaf und das Trotz-Schaf werden in meinem Tagebuch im Dezember 2002 erwähnt. Erinnern kann ich mich nur noch an den Abend, an dem ich das Sensoren-Schäfchen wiederentdeckte. Müde und etwas überdreht ziehe ich mich in mein Zimmer zurück und versuche, die vielen Eindrücke eines intensiven Tages zu verarbeiten. Die Gedanken drehen sich noch, als ich im Bett liege und der Schlaf nicht kommen will: «Warum nur nehme ich alles so intensiv wahr, warum kann ich kaum etwas übersehen oder an mir vorbeiziehen lassen? Einfach die Antennen einziehen?» Das war das Stichwort. Nun sah ich es vor mir, ein Schaf gespickt mit Antennen, ausgestreckt in alle Himmelsrichtungen. «Mit dir werde ich mich in den nächsten Tagen unterhalten, ich möchte dich kennenlernen.» Mit diesem Gedanken schlafe ich ein. Und in den nächsten Tagen lerne ich es besser kennen, dieses Schaf, und merke, dass es nicht ein Antennen-Schaf, sondern das Sensoren-Schäfchen ist.

Das Antivirus-Schaf hat beinahe schon nostalgischen Wert. Ich erinnere mich an meinen ersten Computerkurs vor vielen Jahren. Ich weiß nicht mehr, was ich damals alles gehört und gelernt habe. Doch die Vorstellung eines Schutzprogrammes, das auf meinem PC installiert war und mir von meinem Kursleiter gründlich erklärt wurde, hat mich fasziniert: ein Antivirus-Programm. Es soll Viren entdecken und Fehlermeldungen aufleuchten lassen, wenn etwas mit dem PC oder einem Programm nicht stimmt. Moment mal – das kenne ich doch auch von mir, oder? Dieses Programm auf meinem Computer scheint mir so eingestellt zu sein, dass es die wirklich wichtigen Sachen registriert und meldet. Vielleicht muss ich mir einmal Zeit nehmen und mich mit meinem Antivirus-Schäfchen über seine Aufgabe unterhalten.

Das Mantel-Schaf wurde von Bartimäus[15] inspiriert. Während einer Betrachtung seiner Geschichte war ich sehr betroffen von Bartimäus' Spontaneität, wie er aufsteht, den Mantel von sich wirft und auf Jesus zugeht. Wie hätte ich in seiner Situation reagiert? Nun gut, ich hätte erst gar nicht gewagt, nach Jesus zu rufen, ich hätte mich im Schatten der Mauer gehalten. Und hätte mich Jesus dennoch gerufen, wäre ich vielleicht zögerlich aufgestanden. Wahrscheinlich hätte ich auch das nur gewagt, wenn andere mich dazu ermutigt hätten. Dann hätte ich den Mantel fester um mich geschlungen, so als würde er mir Sicherheit, Schutz und Halt geben. Ob ich es geschafft hätte, mitten durch die Menschenmenge zu gehen? Ich zweifle daran. Doch dieser Bartimäus, ein blinder, von der Gesellschaft verachteter Mensch, den sie eben noch zur Ruhe zwingen wollten, weil sie sich seiner schämten, er schämt sich nicht! Er scheint, als er gerufen wird, alles um sich herum zu vergessen. Er, der Blinde, sieht nur noch Jesus, lässt alles los, was ihn zurückhalten will, und geht.

Vor meinem inneren Auge sehe ich mich als Jugendliche in meiner Heimatstadt Schaffhausen über den Fronwagplatz ge-

[15] Die Bibel, Evangelium nach Markus, Kapitel 10.

hen oder eben, besser gesagt, meinen Weg auf die andere Seite des Platzes finden. Viele Menschen bewegen sich auf dem Platz in alle Richtungen. Nicht so ich. Ich gehe an den Häuserfassaden entlang, bis ich zur schmalsten Stelle des Platzes gelange, beim ABM, wo mir beim Überqueren der Mohrejoggelibrunnen noch etwas Sicherheit gibt. Ich erinnere mich auch, dass ich bis weit in den Sommer hinein mit meiner weiten langen Frühlingsbluse unterwegs war, bis mich die Hitze dann schließlich doch zu einem etwas kürzeren und leichteren T-Shirt zwang. Schon damals hätte ich den Mantel lieber enger um mich geschlungen, als ihn abzuwerfen. Ein bloßstellendes Erlebnis aus meiner Kindergartenzeit taucht vor meinem inneren Auge auf. Damals wäre ich am liebsten im Erdboden verschwunden.

Liebes Mantelschaf, ja, ich weiß, es gibt Gründe, warum du so bist, wie du bist. Ich verurteile dich deswegen nicht. Du darfst so sein, aber ich wünsche dir, dass du in eine größere Freiheit findest. Und sag mal, du und das Erdlochschaf, kennt ihr euch schon lange?

Mein Wunsch für dich

Ein Gebet nach Psalm 23

Gott sei dein Hirte,
der dir das geben möge,
was du zum Leben brauchst:
Wärme, Geborgenheit und Liebe,
Freiheit und Licht –
und das Vertrauen
zu ihm,
zu deinen Mitmenschen
und zu dir selbst.

Auch in dunklen Zeiten
und schmerzhaften Erfahrungen
möge Gott dir beistehen
und dir immer wieder Mut
und neue Hoffnung schenken.
In Situationen der Angst
möge er in dir die Kräfte wecken,
die dir helfen, all dem,
was du als bedrohlich erlebst,
standhalten zu können.

Gott möge dich
zu einem erfüllten Leben führen,
dass du sein und werden kannst,
wer du bist.

Autor unbekannt

Alles harmlos? Ein Nachwort

Eine Geschichte vom Kleinen Hirten und seinen Schafen – das klingt harmlos. Ob da das Herz der Kindergärtnerin mitspielt?

Doch der Schein trügt. Schließlich hat ein großer Erzähler auch einmal eine Geschichte erzählt, nicht vom Kleinen Hirten, aber doch vom kleinen Prinzen. Und überhaupt: Warum soll etwas, das zunächst an Kinder erinnert, harmlos sein?

Wer in viele Lebensgeschichten von Menschen hineinhören konnte, der merkt bald: Was da so leichtfüßig und liebenswürdig daherkommt, hat große Tiefe. Schwester Elisabeth erzählt von einer Krise, die nur wenigen – gerade auch engagierten Christinnen und Christen – erspart bleibt. Und sie macht Mut, sich der Krise zu stellen.

Interessant ist, wann das erste Schaf es gewagt hat, den Weg der Autorin zu kreuzen. Es war in Wülfinghausen, während einer Exerzitienwoche, also während Tagen des Schweigens. Søren Kierkegaard sagte: «Wenn ich ein Arzt wäre und mich jemand fragte: Was meinst du wohl, was getan werden sollte? – ich würde antworten: Das Erste, die unbedingte Bedingung dafür, dass überhaupt etwas getan werden kann, also das Erste, das geschehen muss, ist: Schaff Schweigen, hilf andern zum Schweigen!» In die gleiche Richtung weist ein Wort von Blaise Pascal: «Ich habe oft gesagt, dass alles Unglück der Menschen einem entstammt, nämlich dass sie unfähig sind, in Ruhe allein in ihrem Zimmer zu bleiben.»

In der stillen Zwiesprache mit dem Großen Guten Hirten beginnen sich in unserem Leben die Akzente zu verschieben. Im

Alltag sind wir so oft in Beschlag genommen von zwei Fragen: ***Was*** ist zu tun? Und: ***Wie*** ist es zu tun? An der Hand des Großen Hirten aber rückt langsam eine viel wichtigere Frage in den Vordergrund: ***Wer*** tut es? Da kann es dann geschehen, dass er sehr persönlich fragt: «Du, wie geht es deinem Herzen?» Es ist für nicht wenige Christinnen und Christen eine Überraschung, dass Gott nicht zuerst nach unserem Dienst, sondern nach uns selbst fragt. Sich dieser Frage zu stellen, ist jedoch entscheidend, damit eine noch grundlegendere Frage geklärt werden kann: ***Für wen*** will ich es tun?

So gefragt zu werden, macht zunächst eher Angst. Was geschieht, wenn herauskommt, was sich alles in meinem Herzen tummelt, wenn herauskommt, wer ich wirklich bin? Aber weil der Große Gute Hirte fragt, lohnt es sich, nicht zurückzuweichen, sondern den Weg zurück zur erschreckend verwahrlosten Seelenweide zu gehen und eine Wegstrecke unter die Füße zu nehmen, auf der man zweierlei entdecken wird. Zunächst wird es eine Weisheit sein, die die frühen Väter des Glaubens so auf den Punkt gebracht haben: «Nur was angenommen ist, kann erlöst/verwandelt werden.» Und in allen manchmal schmerzvollen und länger dauernden Prozessen beginnt ein Wort zu leuchten, das wir Christen sehr oft in den Mund nehmen und doch so wenig verkosten und genießen: Gnade.

Nicht allen wird im Schweigen ein Schaf über den Weg laufen. Jeder Mensch hat seine eigenen Bilder und wird seine eigenen Geschichten zu erzählen haben. Möge es uns allen aber geschenkt sein, dass unser Erzählen etwas vom Humor und der Leichtigkeit der Texte von Schwester Elisabeth an sich haben darf, weil die «Psychoanalyse des Heiligen Geistes» ihre guten Ziele erreichen konnte.

Schwester Elisabeth lebt in einem klösterlichen Kontext, darum will ich an Benedikt von Nursia erinnern, den großen Klostergründer aus dem 6. Jahrhundert. Nachdem eine erste Klostergründung gescheitert war, zog Benedikt sich in die Stille zurück, und es heißt von ihm: «Allein, unter den Augen Gottes, der aus der Höhe herniederschaut, wohnte er in sich selbst.» «Habitare secum – in sich selbst wohnen», das ist eine reife Frucht des geistlichen Lebens. Schwester Elisabeth macht Mut, diese Frucht, dieses Ziel nicht aus den Augen zu verlieren, damit ein engagiertes Leben uns nicht ärmer, sondern froh macht.

Hans-Rudolf Bachmann
Kommunität Diakonissenhaus Riehen, Drittorden

Dr. Oliver Merz

papperlapapp – sinnvoll kurz und knapp

Lyrische Erstlinge

Hardcover, gebunden, 72 Seiten
ISBN 978-3-906959-38-2

Oliver Merz reimt zur Coronakrise, zu sozialen, politischen und kulturellen Themen und lässt auch Gott und Feste im Kirchenjahr nicht aus.

Der Gedichtband ist mit Kunstwerken des Autors illustriert. Die Gedichte eignen sich zum Vorlesen in Gottesdiensten, bei Sitzungen, Anlässen usw.

Johanna Spyri

Erzählungen

Geschichten mit Herz und Gehalt

Hardcover, gebunden,
mit Abbildungen, 84 Seiten
ISBN 978-3-906959-43-6

- Wer nur Gott zum Freunde hat
- Was Sami mit den Vögeln singt
- Allen zum Trost

Die Geschichten von Johanna Spyri (1827-1901) geben den jungen Zuhörern und auch dem erwachsenen Leser viel mit für das eigene Leben.

Zusammen mit Sami lernen die Kinder Tugenden wie Standhaftigkeit, Durchhaltevermögen in schwierigen Situationen und den Glauben daran, dass am Ende das Recht siegen wird. Erzählungen die, wie Johanna Spyri selbst sagt, «für Kinder und auch für solche, welche die Kinder lieb haben» geschrieben wurden.

Hedwig Gerber

Engel tragen manchmal Grau

Softcover, 144 Seiten
ISBN 978-3-906959-11-5

E-Book
ISBN 978-3-906959-35-1

Gottes Humor und Liebe kompakt! Authentisch und humorvoll erzählt Hedwig Gerber Anekdoten und Begebenheiten aus ihren über achtzig Lebensjahren. Von Geburt an erlebt sie, wie Gott die Fäden in ihrem Leben spannt – und wie diese Fäden sie tragen. Und doch ist dieses Buch keine breitspurige Wunderanreihung, vielmehr öffnet es den Blick auf jenen Gott, der im ganz Gewöhnlichen und Alltäglichen auftaucht, eingreift und durchträgt. Und es zeigt einen Gott voller Humor und Liebe, einen Gott, der Menschen weiterbringt, sie über sich hinauswachsen lässt.

Ernst Stöckli

Ich bin immer Bauer geblieben

Vom Getreidebauer zum Gemeindebauer

Softcover, farbige Bilder,
148 Seiten
ISBN 978-3-906959-46-7

Was bringt einen Menschen dazu, seinen Traumberuf aufzugeben und sich stattdessen einer anderen Aufgabe zu widmen? Ernst Stöckli erzählt, wie es dazu kam, dass er all seine Zeit dem Aufbau einer Kirchgemeinde widmete. Er erlebte das Entstehen der Gemeinde Thalgut von Beginn weg mit und kennt all die Zwischenstationen der kirchlichen Aktivitäten bis heute. Aus den kleinen Haustreffen ist eine grosse Freikirche mit vier Generationen geworden. Sie strahlt nicht nur in ihre Region aus, sondern sendet Missionare in verschiedenste Länder.

Melanie & Markus Giger

Mitten im Sturm

LEBEN, GLAUBEN, LIEBEN
In guten und in anderen Zeiten

Softcover, farbige Bilder,
132 Seiten
ISBN 978-3-906959-47-4

Schonungslos ehrlich nehmen uns die Autoren mit auf ihren Weg nach dem überraschenden Tod ihres Sohnes Micha und die damit verbundene Trauer. Verletzlich und offen lassen sie die Lesenden teilhaben an ihrer Zeit durch einen Schmerz hindurch, der eigentlich nicht auszuhalten ist. Sie beantworten auf diesem Weg Fragen, die man als Mittrauernder hat, aber nicht zu stellen wagt:

Wie haben sie es geschafft zu überleben? Was hat ihnen geholfen als Ehepaar zusammenzubleiben? Können sie noch an einen gütigen Gott glauben? Überwindet man je diesen Verlustschmerz?

Dieses Buch ist ein Trost für Trauernde, ein Kompass in Glaubenskrisen, eine Schatzkiste für Wegbegleiter und ein Mutmacher für Ehepaare in überfordernden Lebenssituationen.

Claudia Mehl

Würde, Liebe und Moral

Liebe als Schlüsselelement für moralisch motiviertes Handeln

Hardcover, gebunden, 100 Seiten
ISBN 978-3-906959-49-8

«Kant wollte die Moral auf die Vernunft gründen. Zu flüchtig, fand er, seien unsere Neigungen, als dass man sich in dieser Hinsicht auf sie verlassen könnte. Nicht wenige Philosophinnen und Philosophen sind heute allerdings der Ansicht, dass wir dem Phänomen der Moral nur gerecht werden, wenn wir das Geflecht der Beziehungen, in die sie eingebettet ist, und die damit verbundenen Emotionen verstehen und berücksichtigen. An ihre Überlegungen knüpft Claudia Mehl an. Sie beleuchtet den im Zentrum der christlichen Ethik stehenden Begriff der Liebe und fragt danach, was es mit dem heute immer wieder beschworenen Begriff der Menschenwürde auf sich hat.»

Dr. Stefan Grotefeld
Kirchenratsschreiber, Reformierte Landeskirche Zürich